株式会社TAKETIN代表
佐藤剛 Sato Takeshi

サブスクリプションの教科書

デジタルシフト時代を勝ち抜く

フォレスト出版

まえがき

あなたが本書にご興味を持ったように、サブスクリプションは昨今のビジネスシーンで最もホットな存在といっても過言ではありません。

「サブスク元年」と呼ばれた2019年より、さまざまな事業者がサブスクリプションに参入。売り切り型のビジネスモデルから脱却し、サブスクリプション型を取り入れた企業だけが生き残り、発展する時代へと変化していきました。

サブスクリプションサービスの国内市場規模は、2020年度には前年度比28・3%増の8759億6000万円に到達。2023年度には1兆1490億円まで成長すると予想されています（矢野経済研究所調べ：サブスクリプションサービスの国内市場規模〈エンドユーザー支払額ベース〉）。

市場拡大と共にサブスクリプション関連の書籍が数多く登場していますが、残念なことに、中小規模の事業者にスポットを当てたものはほとんど見当たりません。大企業の事例分析にとどまるものが多く、中小規模の事業者が取るべきサブスクリプションの戦略や戦術を伝えるものは皆無に等しいのが現状です。

実際のサブスクリプションの世界では、中小規模事業者が次々と参入し、大きな成功をつかんでいます。この事実を聞いてどのように思われるでしょうか？

「この波に乗り遅れるわけにはいかない」ですよね？

著者の経営する株式会社TAKETINでは、継続クレジット課金の仕組みを自動化するオンラインシステム「TAKETIN MP」を開発、提供しています。顧客は会員制ビジネスやコンテンツ販売、セミナービジネスなどを行う多彩な事業者。定額制ビジネス、いわゆるサブスクリプションを展開する事業者様を支援している立場だといえます。

同時に自らのビジネスもサブスクリプション型を採用しており、サブスクリプションの酸《す》いも甘いも噛《か》み分けている立場だと自負しています。

本書でお伝えしたいのは「現場視点」で捉えた中小企業が使えるノウハウです。著者がビジネスの立ち上げで経験したこと、また顧客であるさまざまな事業者様との関わりを通して学んだ実践的な知識を一冊に凝縮しました。サブスクリプションを基本から学べる、まさに教科書のような一冊です。

また本書の購入者限定特典として、強烈なパワーツールをご用意しました。重要な指標や収益予測、結果のグラフを半自動で視覚化するツールです。ぜひともお役立てください。

本書との出会いが、サブスクリプション市場でチャンスをつかむ一助となることを心から願っています。

サブスクリプションの教科書

目次

第3章 サブスクリプション事業者になるための実践ステップ

第1章

「所有」から「所属と体験」の時代へ

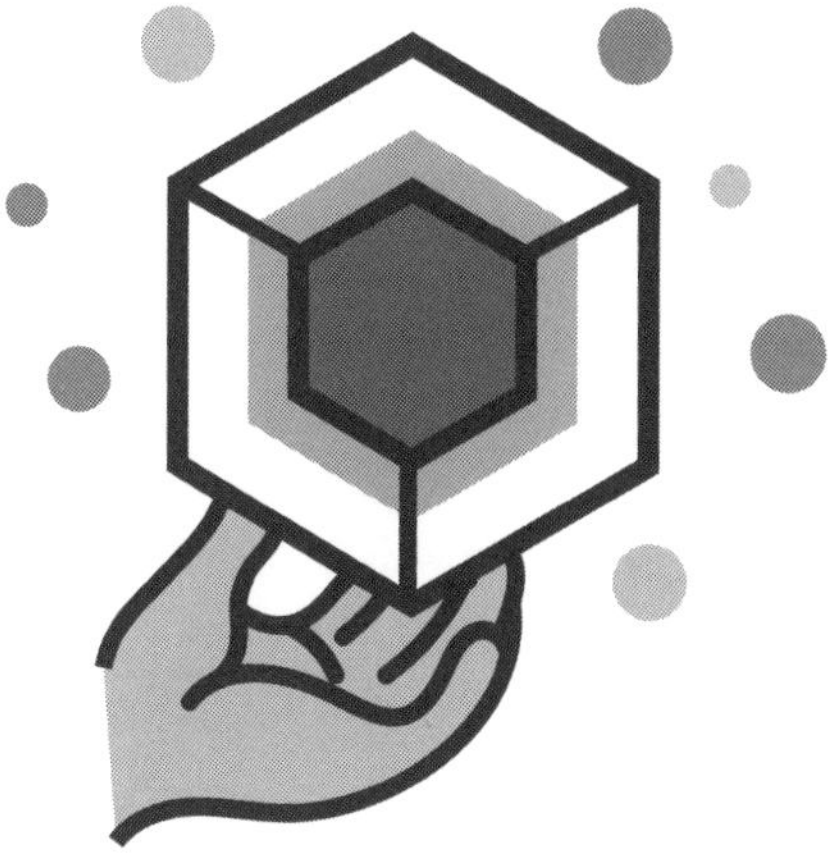

From "Ownership" to "Affiliation and Experience"

1 サブスクリプションの時代が来た

「古くて新しい」サブスクリプション

みなさんは、サブスクリプションが日常生活のあらゆる場所に浸透していることにお気づきでしょうか？　もしも世の中からサブスクリプションが消えたら……。私たちの豊かな生活は混乱に陥るかもしれません。

私たちの暮らしの中で、もはやサブスクリプションはすでに空気のような存在となりつつあります。そんな仕組みだからこそ、目立ったビジネスモデルとしては見えにくくなっているかもしれません。しかしサブスクリプションは大きなビジネスチャンス。その可能性は加速的に拡大しつつあります。

この本を手に取ったみなさんは、サブスクリプションビジネスをどう受け止めているでしょうか？

――今までにない、全く新しいビジネスモデル？

――最先端のテクノロジーを駆使したサービス形態？

たしかに、表面的には目新しく見えることも事実です。しかし実際には、半分は正解で半分は間違い。サブスクリプションは、昔からごくごく身近に存在していたビジネスモデルです。

たとえばサプリメントの定期購入、スポーツジムの月額会員制度、携帯代や家賃もサブスクリプションの一つ。**消費者が任意の期間で契約を結び、契約期間中に限り商品やサービスの提供が受けられる**、というシステムです。消費者視点で考えると、「好きな時にはじめられて、好きな時にやめられる」といった気軽さが大きな魅力。事業者視点では、**積み上げ型で継続的な収入が見込める**、いわゆる「**ストック型ビジネス**」がサブスクリプションのベースなのです。

サブスクリプションという名称は、事業者視点でも消費者視点でもなじみやすい名称として一気に浸透しました。では、昔からあったビジネスモデルがなぜ今注目を浴び、輝きを放つようになったのでしょうか？　そこには、インターネットの普及を軸とした「**時代がサブスクリプションを求める理由**」があります。インターネットは従来の「ストック型ビジネス」から、古いけど新しい「サブスクリプション」という形態へと進化をはじめているのです。

大企業の英断が転換点

サブスクリプションが市民権を得た発端として思い出されるのは、アドビによる月額課金制サービス「Adobe Creative Cloud」のリリースでしょう。アドビといえば「Illustrator」や「Photoshop」「After Effects」といった動画や画像の編集ソフトを開発する世界的な企業。従来は売り切り型のパッケージソフトの販売で、世界中のクリエイターから圧倒的な支持を受けていました。価格は日本円でIllustrator約8万円、Photoshopが約10万円、

After Effectsにいたっては約15万円（二〇一〇年）。パッケージソフトとしてはかなりの高額商品でしたが、クオリティの高さから「クリエイターの必須ツール」として確固たるポジションを築きました。

ところが、アドビは二〇一三年夏からパッケージソフトの販売を原則終了し、月額・低価格から使えるAdobe Creative Cloudに移行。10万円のソフトが低価格で使えるようになるという大転換に、市場では大きな衝撃が走りました。ほかにも、マイクロソフトも二〇一一年からパッケージソフトの販売と並行し、サブスクリプション型のOS「Office 365（現Microsoft 365）」の提供を開始しています。

ちなみに、パッケージソフトの販売のような売り切り型のビジネスは「**フロー型ビジネス**」といわれるものです。

フロー型ビジネスは瞬間的に大きな収益を上げられる反面、収益の波が大きい点がリスク。事業者側で収入をコントロールしづらいという短所があります。これに対してサブスクリプションのような「**ストック型ビジネス**」は、消費者が継続して購入することで収益が積み上がっていくビジネスです。

短期間で大きな収益を上げることは難しいですが、一度波に乗れば安定して継続収入が得られる点がメリットです。「ストック型ビジネス」への転換は事業者としては魅力的ですが、一時的に大きな収益を失うリスクを背負うもの。アドビやマイクロソフトの下した決断は、非常に大きな意思決定だったといえるでしょう。

錚々《そうそう》たる企業がリスクを冒してまでサブスクリプションビジネスへと移行したのはなぜか、気になるところですよね。これこそがサブスクリプションの時代が来たといえる大きな理由の一つです。

アドビとマイクロソフトに共通するのが、**SaaS**（Software as a Service：インターネット経由で機能全体もしくはその一部を利用するソフトウェア）であるということ。パッケージソフトのようにモノを販売する商売の場合、顧客が増え続けるとどうなるか。事業者側は生産体制の強化などの負担が増え、どこかの段階で臨界点に達します。

対してインターネット上で展開するSaaSであれば、新規契約がどれだけ増えても事業者側にかかる負担はさほど増えることはありません。まさに「**上限の無いビジネス**」、非常に魅力的なビジネスになるわけです。

また消費者側から考えても、SaaSは常に最新版が使えるという点でサブスクリプション化する魅力の一つになります。継続利用になると、ユーザーとの接触やフィードバックを得る機会も増え、さらなるサービス開発にも役立てられます。インターネットの普及によって登場したＳａａＳにより、ストック型ビジネスの新たな成功スタイルが誕生。こうしてサブスクリプションという名称と共に、改めて注目されるようになったのです。

2 モノの「所有」よりも「体験」が価値となる

サブスクリプションは一過性のブームなのか？

サブスクリプションが注目されたのはSaaS系ビジネスが発端でしたが、今ではありとあらゆる商品・サービスのサブスク化が進んでいます。ユニークなビジネスが続々登場し、どんな内容のサブスクリプションが消費者にフィットするのか、企業も試行錯誤を続けているように見えます。

「そうは言ってもサブスクリプションは一過性のブームではないか」

■こんなにある！サブスクリプション型ビジネス

◎ オンライン動画配信サービス
（Netflix、Hulu、Paravi など）

◎ オンラインサロン
（堀江貴文イノベーション大学校、西野亮廣エンタメ研究所など）

◎ 自動車乗り放題
（Honda マンスリーオーナー、KINTO〈トヨタ〉）

◎ 全国住み放題
（ADDress〈アドレス〉）

◎ メガネ月額利用サービス
（NINAL〈メガネの田中〉）

◎ 花の定期便
（bloomee、青山フラワーマーケットなど）

◎ カメラ・レンズの月額レンタル
（GooPass、CAMERA RENT など）

NINAL

KINTO ONE

こう思われる方もいらっしゃるかもしれません。ですが、私はサブスクリプションがブームではなく、世の中のスタンダードとして定着するビジネスモデルだと確信しています。なぜなら、インターネットの技術革新と時代の変化が絡み合った結果、サブスクリプションを必要とする数々の根拠が生まれているからです。

「所有」はもはやステータスではない

ここで、インターネットが浸透する以前の日本を振り返ってみましょう。

戦後復興を経て一九五〇年代後半から高度経済成長期に入ります。日本経済はうなぎのぼりに成長し、人々の生活水準も徐々に上がっていきました。

当時、豊かさの象徴とされたのが白黒テレビ・洗濯機・冷蔵庫を指す「三種の神器」。一九六〇年代後半にはカラーテレビ・自動車・クーラーが新たな三種の神器とされ、「豊かさ=モノの所有」という価値観が定着していったのです。一九八〇年代にはバブル期へ突入。不動産は瞬く間に値上がりし、賃金も上昇。惜しむことなくお金を使う人々は、高級車やブランド品を次々と購入しました。つまり所有や消費することこそがステータスと考えられたのです。

ところがバブル崩壊後は生活が一変。景気低迷や終身雇用制の崩壊により、人々は経済的な余裕を失っていきました。お金やモノをムダにしない節約志向が広まり、モノを所有することへの興味も希薄に……。

結果「所有はステータス」という価値観が大きく変貌しました。**モノは必要な時にあればよい、多様なモノをシェアして便益や体験を得る「コト」や「トキ」にこそ価値がある。**そんな考え方へとシフトしていったわけです。


こうした価値観の変化によって、好きな時に始められて好きな時にやめられるサブスクリプションや、インターネットを介して個人間でモノや空間、スキルを貸し借りする「**シェアリングエコノミー**」といったビジネスにスポットライトが当たるようになりました。

景気の低迷が理由と考えると一見ネガティブに感じられますが、言い換えれば本当に好きなもの、本当に必要なものにはお金を出すということ。こうした変化はインターネットの普及とリンクして新たなニーズを生み出しました。それが「**趣味嗜好《しこう》の多様性**」です。

モノの所有がステータスだったバブル期以前、情報収集のツールはテレビや雑誌などのマスメディアが主体でした。トレンディドラマ、音楽番組などに影響を受けて、世の中には画一的なトレンドが生み出されます。あの俳優が乗っている外車、雑誌に載っていたアクセサリー……というように。あらかじめ選択肢の決まった世界では、トレンドを追うことがカッコいいとされました。しかし、インターネットが普及した現在は、誰もが世界とつながり、情報を得ることも自分から発信することも可能になりました。

インスタグラマーやYouTuberなど、SNSからスターが生まれる時代です。あふれる情報の中から選ぶ自由を手に入れたことで「トレンドは自らつくるもの」、そんな時代へと変化していったように見えます。

選択肢が多ければ、当然「いろいろ試してみたい」と考えるもの。となればサブスクリプションを選ばない理由はありません。購入するよりも一定の期間お試し利用をする方が理にかなっていますよね？

3 「所属」と「体験」を求める人々

オンラインサロンが人々を惹きつける理由

サブスクリプション型ビジネスの中で勢いのあるものの一つに「オンラインサロン」が挙げられます。

実業家やアスリート、文化人などが主催するウェブ上のクローズドなコミュニティで、月額会費制で運営されるサブスクリプションです。

「**堀江貴文イノベーション大学校**」や「**西野亮廣エンタメ研究所**」の名前を聞くとピンと来る方も多いでしょう。

会員は、主催者や他の会員と一緒にビジネスの企画を考えたり、限定イベントに参加したりすることができます。**世界中のどこにいても入会可能、会員が増えても主催者側の負担も少ない。インターネットの普及によって生まれた上限のないビジネスモデルです。**

会員はコミュニティ限定の情報を得られると同時に「ここだけ」「今だけ」「自分たちだけ」という特別感のある体験を享受できます。

ここで注目していただきたいのが「自分たちだけ」という魅力。言い換えれば**所属欲求を満たすことが、サブスクリプションにおける一つの成功ポイントなのです。**

オンラインサロンのような所属欲求を満たすサブスクリプション型ビジネスを本書では「**メンバーシップ型**」と位置づけますが、その他の例としては「**協会ビジネス**」「**資格ビジネス**」が該当します。

権威や人気のあるコミュニティに所属することで喜びを感じる心理は、誰しもが持つものではないでしょうか。

たとえばMacユーザーが手持ちのアイテムにアップル社のロゴシールを貼る、バイカーがハーレーダビッドソンのタトゥーを彫るといった行動も「ブランドを愛するファンの一員である」という「所属意識」の表れであり、自分の趣味や嗜好をオープンにして周囲に認知させることで**「所属欲求」を満たしている**といえるでしょう。

サブスクリプションと所属欲求は1セット

メンバーシップ型は「所属欲求」を満たす顕著な例ですが、私の実体験をふまえると他のサブスクリプション全般にも「所属」というキーワードはあてはまる気がしています。

著者が代表を務める株式会社TAKETINでは継続課金の自動化システム「**TAKETIN MP**」を提供しており、利用者には月額定額制のサブスクリプションをご契約いただきます。

私たちは長期にわたって利用者をサポートするわけですが、接触が増えるにつれ、事業者と利用者間の関係が単なる「売り主と買い主」ではなくなっていくことを感じるのです。お客様よりも身近な「コミュニティのメンバー」のような、この関係性はまさに「所属」と呼べるのではないでしょうか。

さらに忘れてはならないのが、「所属欲求」が満たされると同時に湧き起こる「**所属から離れたくない**」という心理です。

所属によって一度手に入れたもの（主催者や会員との関係性や情報ルート）は手放したくないか

ら、今の状態を継続しようとする、心理学用語では「**損失回避性**」と呼ばれるものですが、この心理も顧客の継続利用によって成り立つサブスクリプション型ビジネスでは大変有利に働きます。

4 サブスクリプションの民主化が企業を救う

市場の景色を変えた「既存ビジネスのサブスク化」

先ほどご紹介したように、二〇一三年にパッケージソフトの販売からサブスクリプションサービスへ完全移行したアドビ（↓18ページ「大企業の英断が転換点」参照）。その後、経営状況はどう変化したのでしょうか？

サブスクリプション化前後と近年の通年売上高を見てみましょう。

・二〇一二年度（サブスクリプション移行直前）：44億3677万ドル

・二〇一三年度：40億5524万ドル
・二〇一四年度：41億4706万ドル

サブスクリプション化直後の2年間は売上高の減少が続きました。この頃は市場や社内からも賛否の声が上がったといわれています。ところがその後、衝撃的な変化が起こります。

・二〇一八年度：90億3000万ドル（過去最高額達成）
・二〇一九年度：111億7129万ドル
・二〇二〇年度：128億6800万ドル

パッケージソフト販売時と二〇二〇年度を比較すると、その差は約3倍。年率20％を超える成長率で、日本円換算で1兆円を売り上げる企業となりました。しかも売り上げの70％以上が定額収益というから驚きです。いうまでもなく、サブスクリプションへの転換は大成功。そしてこの劇的な収益アップは「一企業の成功」という事実を超えて、市場に勇気を与える結果でもありました。

アドビはクリエイティブ系ソフトウェア業界におけるトップクラスの企業として、長い間君臨してきました。つまりアドビの売上高は、すでにクリエイティブソフト市場全体の多くを占めていたわけです。

ところがリーズナブルな料金体系でサブスクリプション化したことで、**消費者側の購入に対する心理障壁が低下**。アドビ製品に興味はあったものの利用できなかった「**潜在顧客層**」にリーチする結果となりました。クリエイティブソフト市場に新しい顧客層を呼び込み、市場全体を活性化させたのです。

今やインスタグラムやYouTubeにはハイクオリティな画像・映像コンテンツが溢れています。プロアマ問わず誰もがクリエイティブを楽しめる時代の立役者ともいえるでしょう。

安定性と共に新たな市場を開拓したアドビ。既存ビジネスのサブスクリプション化によって、目まぐるしく変化する時代で盤石な地位を築き上げました。

この事実はサブスクリプションが企業の生き残りを決める、重要な「戦略」になったと考えられる証拠ではないでしょうか。

「立ち止まると死ぬ」フロー型ビジネス

世の中のビジネスはおおまかに「**フロー型ビジネス**」と「**ストック型ビジネス**」に分けることができます。アドビが転換前に展開していたパッケージソフトの販売はまさに「フロー型ビジネス」です。完成品を一つひとつ販売し、収益を上げていく。アドビのようなソフトであれば、同じものをいくつも購入する必要はありません。つまり収益を上げ続けるには、ひたすら新規顧客を増やし続けるか、新製品を投入する必要があります。

同じフロー型ビジネスといっても、商品やサービスによって顧客のリピート率は大きく変わります。たとえば、少し前にブームを巻き起こした「タピオカミルクティー」や「高級食パン」を想像してみてください。インスタ映えする被写体に、友人へのお土産《みやげ》にと、店舗に列をなす人たちを見たことがあるのではないでしょうか？　こうした食品のような消耗品であれば、同じ商品を顧客が何度もリピートしてくれることも期待できます。

しかし、ブームは永久に続くものではありません。ロングセラー商品ともなれば話は別ですが、大半のブームはいつか鎮火し、顧客も減っていくものです。そう、事業者にとって最も恐ろしいのが「**先が見えないビジネス**」だということ。

いつ、どれくらい売り上げが立つかは顧客次第。昨今では新型コロナの影響で生活様式がガラッと変化したように、自然災害や景気、政治的背景といった外的な影響をダイレクトに受けてしまいます。店舗数の拡大や製造ラインの強化に資本を投下しても、果たして回収できるのかわからない。それでも動き続けなければ死んでしまう。まさにギャンブルの世界ですね。

憧れのストック型ビジネスを現実のものに

フロー型ビジネスに対してストック型ビジネスは長期戦が基本。一度に大きな金額を得るのではなく、少額であっても利用され続けることで安定した収入基盤を得るというものです。一大ブームで一攫千金というドラマティックな展開は期待できませんが、**顧客が定着すれば、外的要因に左右されることなく着実な収入が期待できます。**

新しく商売を始める際は、一度に大きな収入を得られるフロー型ビジネスから……、と

■ フロー型ビジネスとストック型ビジネス

【フロー型】

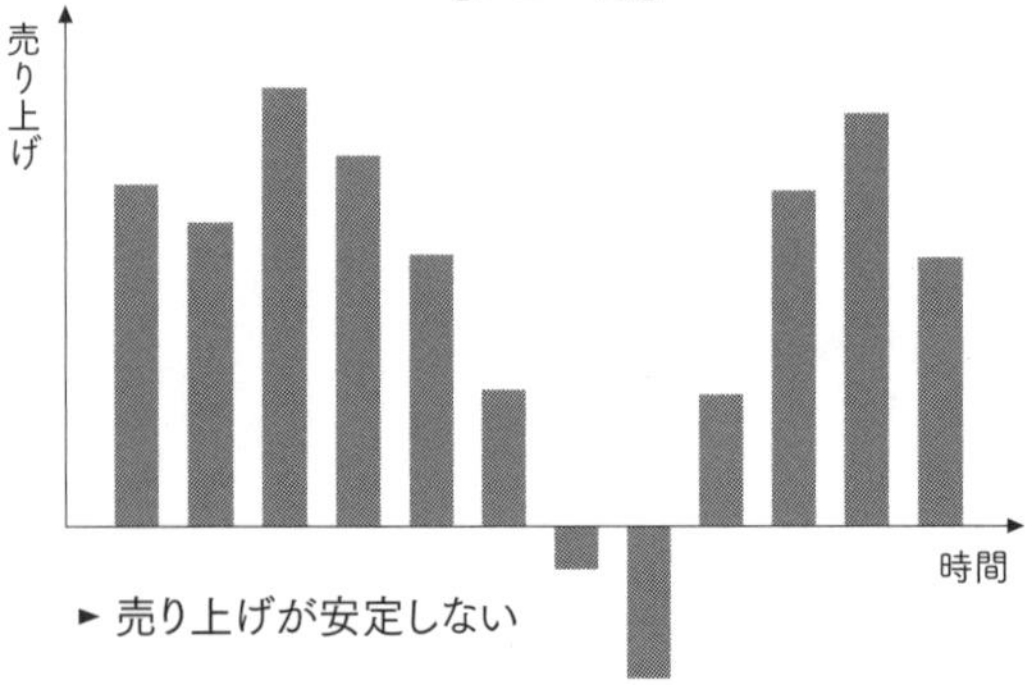

► 売り上げが安定しない

【ストック型】

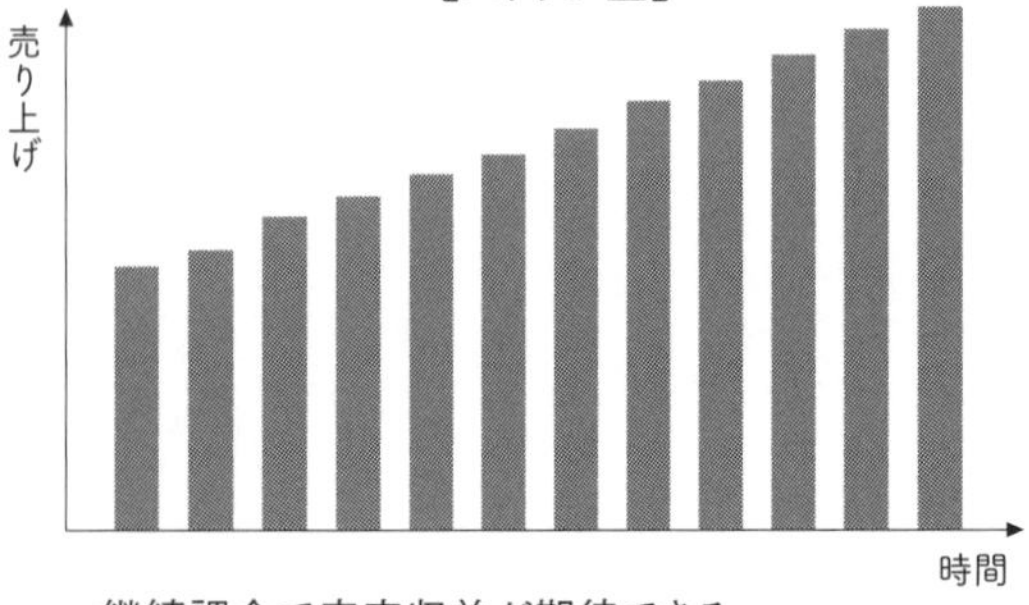

► 継続課金で安定収益が期待できる

※ 出典：https://markezine.jp/article/detail/33882?p=2

いう方が多いでしょう。ですが次第に事業の継続・拡大を思案するようになると、ストック型ビジネスに魅力を感じ始める。そう、ストック型ビジネスへの憧れは今に始まったことではなく、昔から多くの経営者が目指してきたものです。実際、ストック型ビジネスのノウハウを教えるビジネスセミナーが溢れかえっています。

それにもかかわらず、ストック型ビジネスに成功したのは限られた企業だけでした。インターネットもない、モノの所有がステータスとされた時代とはニーズが合わないのですから、当然の結果だったともいえます。

先述の通り、インターネットの普及を軸とした時代の大変革により、**ストック型ビジネスは「サブスクリプション」として進化**。所属や体験に価値を感じる消費者から、多彩なサービスを求められるようになりました。メジャーな市場で、専門的なニッチな市場で。いたる所にサブスクリプションが浸透しています。

株式会社クロス・マーケティングが二〇二一年に実施した「サブスクリプションに関する調査」によると、「現在契約しているサブスクリプションサービス」は多い順に「ショッピング（Amazonプライムなど）」、「動画」、「音楽」、「ゲーム」、「食品・飲料」と回答されています。

複数回答：n=1,100

■現在契約しているサブスクリプションサービス TOP5

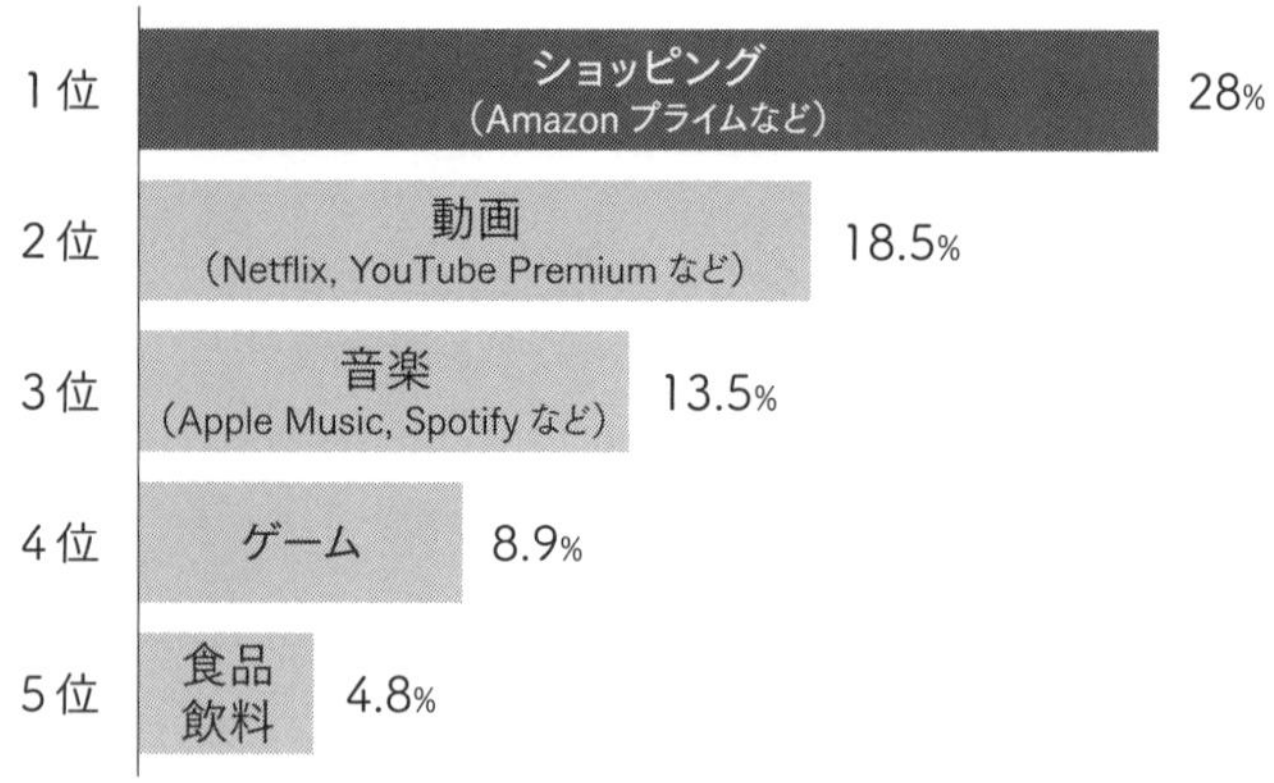

また「使ってみたいサブスクリプションサービス」は「ホテルに泊まり放題」「コーヒー飲み放題」「美容室に通い放題」「自販機使い放題」が上位に。「あったらいいと思うサブスクリプションサービス」については「電車乗り放題」、「家事代行サービス」、「家電お試しし放題」、「マッサージ通い放題」「ネイル、ハンドケアし放題」などが挙げられています。

現状では動画や音楽、ゲームなどＳａａＳに分類されるサービスの利用が多い一方、将来的には、多彩なサービスのサブスクリプション化が消費者に求められているといえます。

すべての事業者にチャンスがある。まさに「サブスクリプションの民主化」といえるで

複数回答：男性 n=550／女性 n=550

■ 利用したいサブスクリプションサービス TOP3

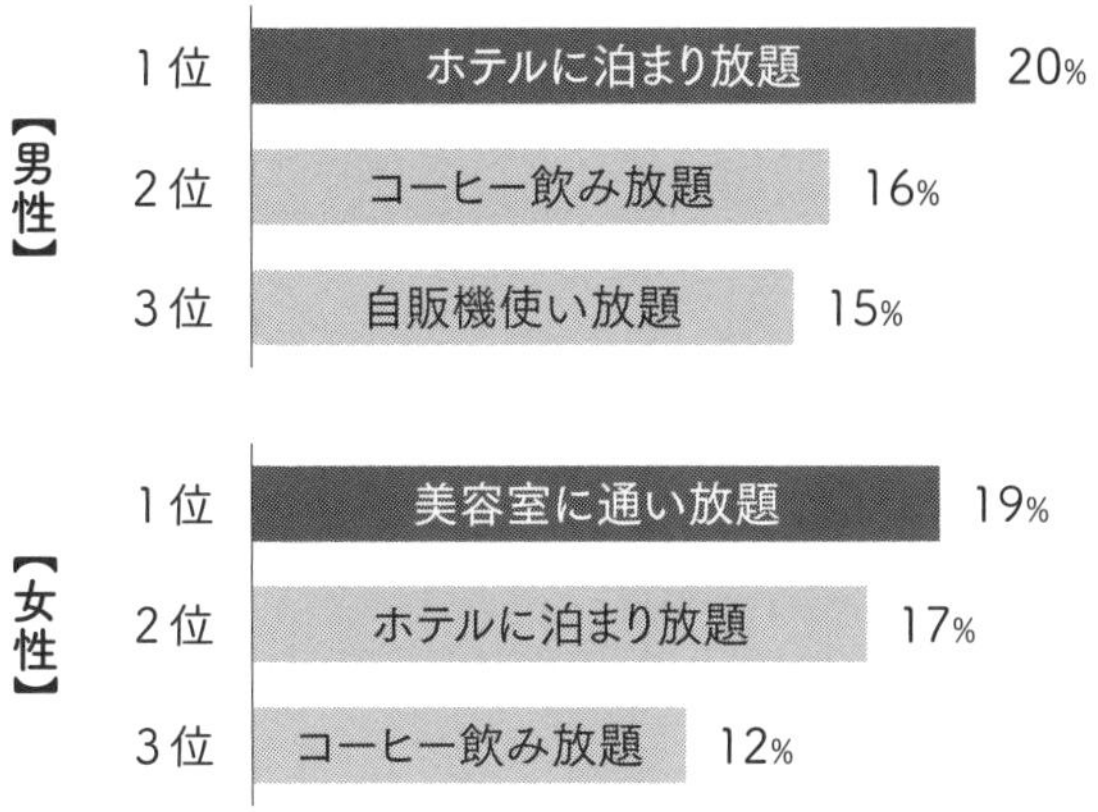

自由回答：n=1,100（一部抜粋）

■ あったらいいと思うサブスクリプションサービス

◎ 電車乗り放題 
◎ タクシー乗り放題 

◎ 家事代行サービス 
◎ ネイル、ハンドケアし放題 
◎ 家電お試しし放題 
◎ 家具借りたい放題 
◎ マッサージ通い放題 
◎ ペット関連 
◎ 子ども関連 

※ P.38.39図表　出典：https://www.cross-m.co.jp/report/life/20210331subscription/

しょう。
さて、この「サブスクリプションの民主化」を前に、あなたはどうしますか？
――主役になるか、傍観者になるか。
事業者の未来を大きく左右する分かれ道になりそうです。

アフターコロナを生き抜くために

二〇二〇年、突如として襲いかかった新型コロナウイルスのパンデミック。人々の生活を一瞬にして変えた人類史上稀《まれ》にみる危機に、私たちは今もなお不安な日々を過ごしています。ワクチンの普及で希望の光が差してきたものの、長期間に及ぶ経済のダメージは大きく、先行きは不透明です。

「三密（密閉・密集・密接）」「テレワーク」が二〇二〇年の流行語大賞候補に選ばれたことは記憶に新しいですが、とにかく「人との接触を避けること」が感染対策。不要不急の外出自粛に始まり、職場・屋外・自宅すべての空間において、新たな生活様式が取り入れられるようになりました。

通勤しない、遊びに行かない。自宅で過ごす時間が圧倒的に増えた人々は、新たな消費行動に走りました。それが「**イエナカ消費**」です。キーワードは「**自宅で過ごす時間をいかに充実させるか?**」。同じ空間で過ごすという変化のない日常に、人々は刺激を求めているのかもしれません。

Uber Eatsや出前館といった宅配サービスで外食気分を味わう。映画や演劇が好きな人は動画配信サービスで観賞する。次々と新しい体験を求める消費者には、手軽に試せるサービスは相性抜群です。こうした消費行動の変化は、サブスクリプションが浸透する大きな追い風にもなりました。

家具や家電のレンタルサービスや花の定期便など、既存ビジネスのサブスク化によるユニークな手法で生き残りを図る企業も増えています。**日常空間に溶け込んだサブスクリプションは、企業がアフターコロナを生き抜くための有効な武器になるはずです。**

5 迫られるデジタルシフト

国の支援も続々。今こそ波に乗れ！

コロナ禍では、人々の消費行動と共に「デジタルシフトの加速」という大きな変化がありました。感染防止を目的とした「非対面・タッチレス」の実現に向けて、デジタルシフトが活発化したのです。

身近なものでは、ウェブ会議システム、キャッシュレス決済、業務用ロボット、ホテル等施設利用手続きの機械化などが挙げられます。また、宅配便を直接受け取らない「置き配」の習慣もデジタル化の一つでしょう。自宅前に荷物が置かれると、アプリで通知される仕組みです。他にも苦境にあえぐ飲食店がネット通販を始めたり、ヨガ教室や学習塾といった来店型の事業者がライブ動画配信に力を注いだり、といった例も見受けられます。

こうしたデジタルシフトのメリットは、感染防止だけではありません。**消費者視点では、拘束時間の短縮や便利さ、快適さ。そして事業者側は、顧客行動の詳細なデータを手に入れることが可能になりました。**こう考えると、デジタルシフトはもはや前進あるのみ。逆戻りすることは考えにくいでしょう。

さらに日本のデジタルシフトは「国を挙げての急務」と捉えられ、補助金制度も充実しています。「**IT導入補助金**」や「**ものづくり補助金**」などは中小企業や小規模事業者向けの補助金ですが、一定条件の下でデジタル化の費用として利用することができます（二〇二一年六月現在）。デジタルシフトの流れは業種を問わず、この先もますます加速していくことでしょう。事業者が変革を起こす格好のタイミングなのです。

D2Cとサブスクリプション

デジタルシフトを語る上ではずせないのが、**D2C**（Direct to Consumer）モデル。ネット販売などの商売で、仲介業者を通さずに「**製造者と消費者がダイレクトにつながる**」ビジネスモデルを指します。デジタルシフトによって、オリジナルの商品やサービスを「**D2Cブランド**」として販売する事業者が増加し、近年注目を集めています。

今までのネット販売といえば、Amazonや楽天市場といったECモールの活用が主流でした。製造者がネット販売を始めるとしても、当然のことながらウェブサイトを公開しただけで商品が売れるわけではありません。実際には多額の広告費用を使って集客を行う必要があります。そこで、多くの利用者を抱えるECモール上にネットショップを展開して、集客の手間なく商売をしていたというわけです。

しかし二〇一八年頃から潮目が変わり始めました。製造者が直接消費者にリーチできる環境が整い始めたのです。代表的な仕組みでいえば、インスタグラムのショッピング機能。情報発信から販売までの流れをシームレスにつなげられるため、小規模な事業者でも簡単に販売体制を構築できるのです。

D2Cモデルは製造者に複数のメリットがあります。まず、**コストが節約できること**。ECモールを使用するには一定の手数料がかかり、特に小規模事業者には大きな出費です。

■従来の販売モデルとD2Cモデル

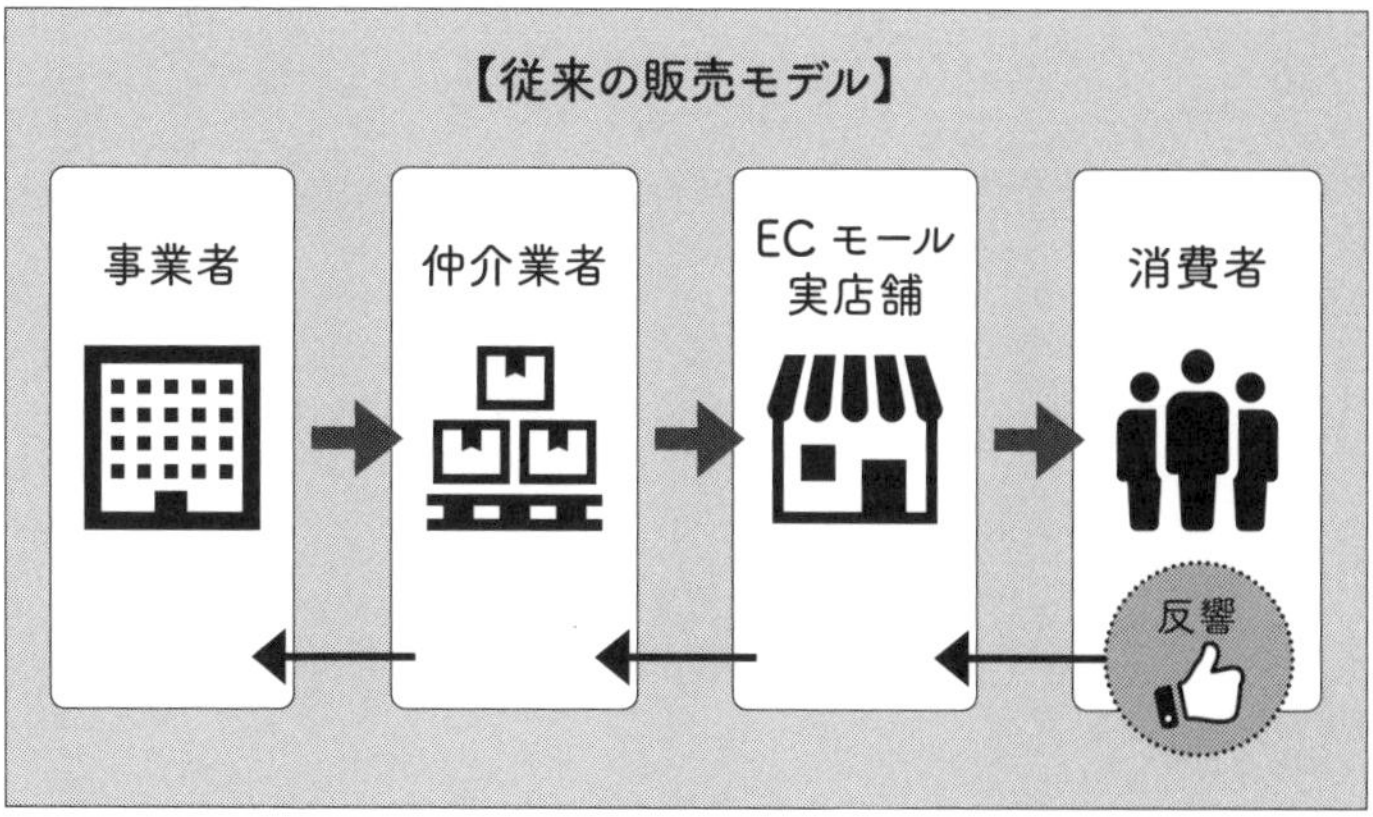

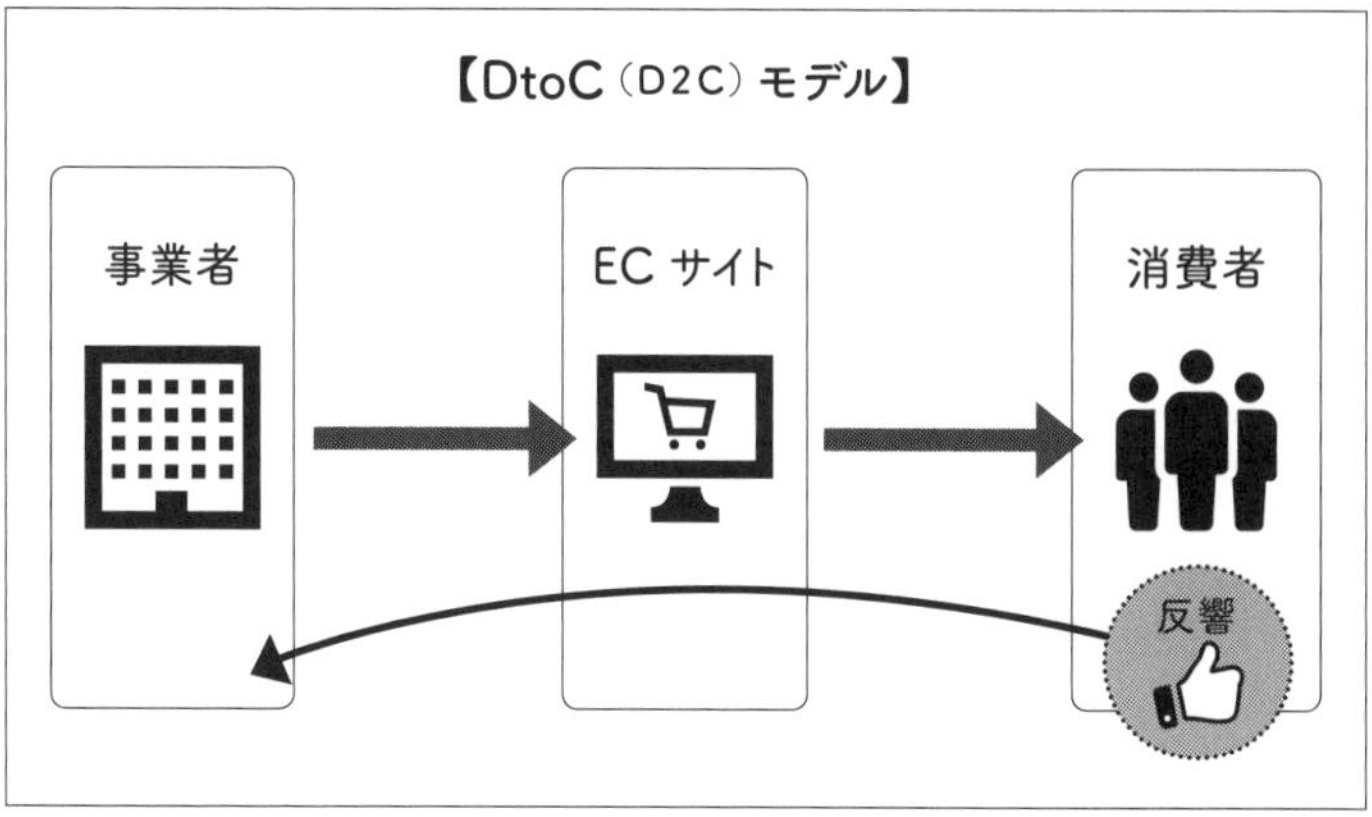

Ｄ２Ｃで使用するＳＮＳなどのプラットフォームは無料で使用できる機能が多く、さらに広告もフレキシブルに予算調整できるため、リスクを低く抑えられます。

そして、Ｄ２Ｃ最大のメリットは「**顧客満足度を高めやすい**」ということ。従来の販売モデルは卸業者や仲介業者が介在し、顧客の声が製造者に届きにくい状態でした。Ｄ２Ｃであれば、製造者と顧客の間で直接双方向のコミュニケーションが可能になります。顧客の声は貴重な資産。商品開発やマーケティング施策に活かすことで「**売れ続けるＰＤＣＡサイクル**」が定着するわけです。

サブスクリプションにおいても、Ｄ２Ｃのメリットは大きく作用します。顧客の継続利用によって収益が成り立つサブスクリプションにとって最大のリスクは、解約を招く「**顧客満足度の低下**」。顧客とのコミュニケーションに力を注ぎ、常に満足度を維持することが求められます。

ちなみに弊社では、私自身もカスタマーサポート担当として顧客の問い合わせに対応しています。システム開発の世界では、ユーザー視点の使いやすさ（ＵＸ）が大変重要です。専門的なトラブルにも迅速に対応するために日々の問い合わせに真摯《しんし》に対応し、サービス改善に役立てるように心がけています。

「サブスクリプションの民主化」の先に起こること

これまで、人々の価値観の変化やデジタルシフトといった時代の変化を紐解きながら、現代におけるサブスクリプションの必然性をお話ししてきました。サブスクリプションというビジネスモデルが現代人に切望されていること。そして小規模事業者に参入のチャンスが広がり、「サブスクリプションの民主化」が起きているという事実。

それではこの先、サブスクリプションを取り巻く環境は一体どうなっていくのでしょうか？

あたりまえのことですが、サブスクリプションなら何をやっても成功する、という甘い話ではありません。これまでにも撤退を余儀なくされたサービスは数知れず。続いているサービスも途中で内容を見直すケースもあり、今は様子見しているという状況です。

今後はデジタルシフトも進み、消費者のデータも蓄積されていきます。データを上手に活用し、ニーズに見合ったサービスを生み出す事業者だけが生き残る。そんな時代になっていくのではないでしょうか。

本書ではサブスクリプション事業者である筆者の体験に基づき、サブスクリプションの成功法則と失敗パターンをご紹介します。サブスクリプションを始めるその前に、ぜひ読了いただければ幸いです。

第2章

サブスクリプションの基礎知識

Basic Knowledge of
the Subscription Business

1 サブスクリプションを始めるべき理由

新規獲得がゼロでも動じない「骨太経営」を手に入れる

本章ではサブスクリプションを始めるにあたり、知っておくべき基礎知識をご紹介します。

サブスクリプションの民主化によって、多種多様な商売がサブスク化される動きが進んでいます。消費者の期待も高まると同時に、ライバルはますます増えていくでしょう。時代を生き抜く強いサブスクリプションを生み出すには？　第一に、あなた自身がサブスクリプションの魅力を知ることから始めましょう。

想像してみてください。サブスクリプションを軌道に乗せることができたら……。あなたのビジネスにどのような変化が起こるでしょうか？

たとえば、今月の新規契約がゼロだった。商品が一つも売れなかった。そんな時。フロー型ビジネスであれば収入に大きく影響する一大事です。動揺し不安を感じるでしょう。早く新規を獲得せねばと、目の前のことで頭がいっぱいになってしまうかもしれません。

一方サブスクリプションは、**新規獲得がなくても一定の収入が「約束」された状態。将来の収入がある程度予測できますから、目先の心配は大幅に減ります。結果、長期的かつ計画的な視点でビジネスを捉えられるようになるはずです。**

つまり、目先の利益のためだけに時間と費用を投下するのではなく、ビジネスを育てることに目を向けられるようになる、ということ。

「新商品の開発に投資しよう」

「事業拡大に向けて人材を採用しよう」

「右腕を育てるために人材育成に力を入れよう」

ビジネスの可能性が格段に広がりますね。もしかしたら、プライベートに割く時間が増え、「南の島でリフレッシュしようかな」なんて思い立つかもしれません。

夢や理想のレベルで語っていたことが現実になる。ここまで計画的な経営ができるというのは信じられないかもしれませんが、サブスクリプションであれば十分に実現可能なのです。

顧客は「ファミリー」。ビジネスは一緒に育てるもの

サブスクリプションを始めると、もう一つ大きな変化を感じるはずです。それは「顧客との関係性」。第1章の中で著者が代表を務める株式会社TAKETINにおいて、利用者(顧客)との関係が「**コミュニティメンバーのようだ**」というお話をしました。顧客と長期的な関係を結ぶサブスクリプションでは、**顧客が単なる「買い手」から、ビジネスを共に支える「ファミリー」になってくれることも大きな魅力です。**

ここで商品開発を行う上でしばしば登場する「**プロダクトアウト**」と「**マーケットイン**」という考え方にふれておきましょう。前者は「売り手視点のものづくり」、後者は「買い手視点のものづくり」という発想です。

一九九〇年代まではプロダクトアウトが主流であり、事業者の強みや計画を優先させた商品が大量に生産されました。それでも問題なく売れたのは「モノを所有する＝大量消費」があたりまえの世の中だったからです。

時代が変わるにつれて注目されたのが、消費者ニーズ優先の商品を生み出すマーケットイン。節約志向や趣味嗜好の多様性によって「いかに望まれるものをつくるか」に焦点があてられたわけです。

この考え方はものづくりに限らず、ビジネス全般にも応用できます。消費者の声を集めて分析し、ビジネスに活かす。消費者との距離を縮めることが、さらなるビジネスチャンスにつながるわけです。

ここでサブスクリプションのメリットにピンと来た方も多いのではないでしょうか？そう、消費者（顧客）との長期的な関係を結ぶサブスクリプションは、消費者の声が半ば自動的に集まるのです。

株式会社TAKETINでは、継続課金の自動化システムを提供しています。顧客はまさにサブスクリプションを行う事業者の方。システムを使って入金チェックや会員情報の登録・管理などを行っていただいています。チャットで気軽にお問い合わせいただける体制を整えており、毎日のように顧客側からコンタクトがあります。

操作に関する疑問から機能改善のご要望など、こうしたフィードバックは非常にありがたいもので、サービス改善の重要なヒントになっています。常に顧客のニーズが把握できる状況を生み出せるのは、サブスクリプションならではのメリットだといえます。

このような消費者の声が事業者へ届く仕組みづくりは、事業者だけでなく消費者側の満足度も高まるWin-Winの仕組みです。前章で紹介したD2C（Direct to Consumer）モデルを思い出してみてください。

仲介業者を通さずに「製造者と消費者がダイレクトにつながる」D2Cモデル。最大の魅力は「顧客満足度を高めやすいこと」だとご紹介しました。顧客側からすると、自分の意見が商品やサービスに反映されることで「一緒に商品・サービスを育てている感覚」を持ちます。種を植えて植物を育てる。DIYで家具をつくる。そんな愛着と似ているかもしれません。商品やサービスそのものへの満足度とは別に、事業者とはファミリーのような一体感が満足度を高めていくのです。

愛着を感じるものは簡単に手放そうとは思いませんから、自ずと継続率も高まります。さらには「お気に入り」としてSNS上で拡散され、結果的に消費者が販促を担う効果も期待できます。まるで雪だるま式にビジネスが加速する図ができあがるのです。

ちなみに余談ですが、一概にマーケットインが良いというわけではなく、プロダクトアウトによるヒット商品は近年も誕生しています。代表例は誰もが知るアップル社のiPadやiPhoneです。消費者からすれば画期的で、ここまで生活を変えるアイテムになるとは想像もしていなかったでしょう。プロダクトアウトは消費者が自覚していないニーズをカタチにするという可能性も秘めています。**自社の強みを活かすプロダクトアウト、消費者ニーズを組み込むマーケットイン。理想としては両方の視点をバランスよく取り入れたい**ところですね。

オンライン市場なら、個人でもニッチなサービスが通用する

すでに世の中に浸透しているサブスクリプションというと、Netflix、Huluなどの動画配信サービスやAmazonプライムなどのショッピングサービスが思い浮かびます。老若男女問わず幅広い層に支持され、リーズナブルな料金で豊富なメリットが享受できる。こうしたサービスの裏では、莫大《ばくだい》な資本やネットワークが動いています。

■ロングテール市場とは

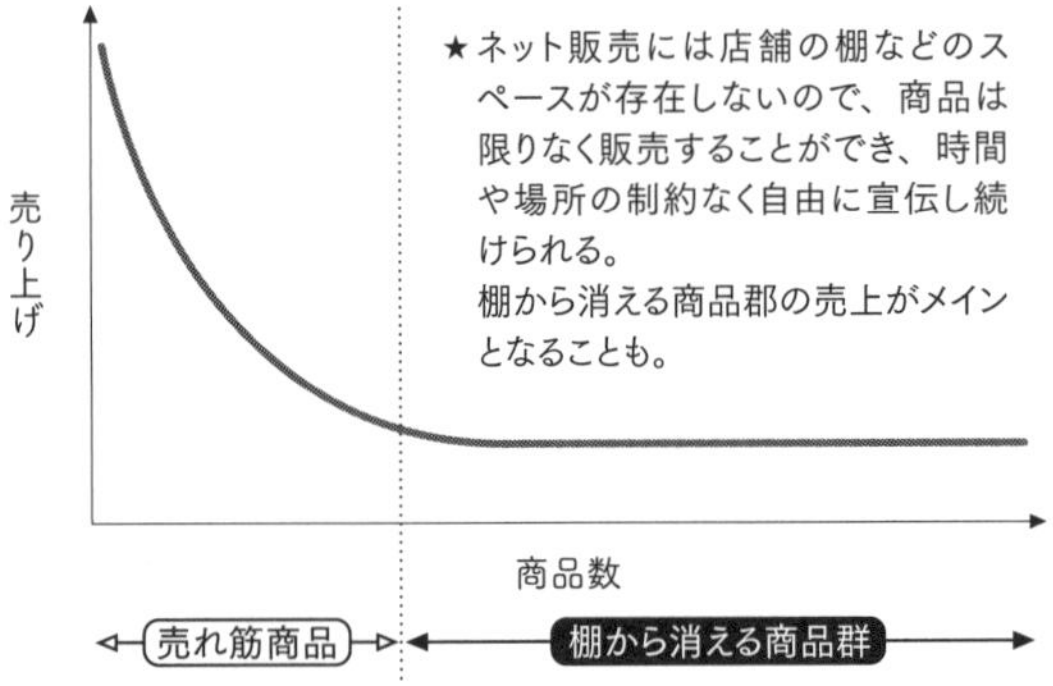

★ネット販売には店舗の棚などのスペースが存在しないので、商品は限りなく販売することができ、時間や場所の制約なく自由に宣伝し続けられる。
棚から消える商品郡の売上がメインとなることも。
売り上げ
商品数
売れ筋商品
棚から消える商品群

結局、サブスクリプションを成功させられるのは大手企業だけなのか？　そんな不安がよぎったかもしれませんが、ご安心ください。答えは、明確に「NO」です。

オンラインの世界には「**ロングテール**」という市場が存在します。売れ筋商品に限らず、長い尾（ロングテール）のように幅広い市場が存在している。これこそが小規模事業者にもチャンスがあることの証明なのです。

実店舗で商売をする場合、「店舗の広さ」や「近隣の買い手しか集まらない」などの物理的な制限が生まれます。要するに売れない商品は陳列から外さなければならず、地域のニーズに合う「限られた市場」での戦いとなるわけです。

対してオンライン上では、こうした物理的な制限はゼロになります。**オンライン上で商品を陳列**（表示）**する分にはコストもかからず、無尽蔵に並べられる**。全国から買い手が集まるためニーズも多種多様。実際に実店舗で売れなかった商品がネットショップで大きな売り上げをたたき出す、そんな事例も少なくありません。

サブスクリプションであってもロングテール市場は狙い目です。誰に必要とされるのかまったく理解できないような、専門性が高い、あるいはニッチなジャンルであっても利用者がやってくる可能性は十分にあります。あなたが提供する商品・サービスを本当に必要としているファン候補が、オンライン上であなたの商品・サービスを発見。やがて熱狂的なファンとして長期的に利用してくれるのです。時には新たなビジネスのきっかけが生まれることも！　**ファンとなった利用者が、想像もしなかったサービスの使い方を教えてくれることもあるでしょう**。ロングテールは大変おもしろい一面を持つ市場です。

さらにニッチな市場だからこそ、ライバルが増えないというメリットも。大手企業が興味を持つほどの市場規模とならず、結果、先行で始めた事業者が一人勝ち、という可能性も考えられます。このようにオンラインの活用によってサブスクリプションのチャンスは広がり、事業者の規模を問わず参入できる環境が整えられているのです。

2 サブスクリプションを始めるキホンの「キ」

「1：5の法則」と「5：25の法則」

世の中にはさまざまなマーケティング理論がありますが、サブスクリプションを始めるにあたり、まず押さえていただきたい2つの理論があります。

1つは「1：5の法則」。「**新規顧客の獲得コストは、既存顧客の維持コストの5倍かかる」という法則です。**新規顧客の獲得には宣伝費がかかるだけでなく、いわゆる「いちげんさん」で終わってしまうこともあります。つまり、獲得コストが高い割に利益率も低いということ。「いやいや、顧客獲得はコストをかけずに自力でなんとかできるよ」という声も聞こえてきそうですが……。後で詳しくお話ししますが、新規獲得にはそれなりの費用がかかることを覚悟しなければなりません。

一方、既存顧客は商品や事業者に対する信用といった心理的なハードルをクリアしている状態です。商品やサービス、事業者への理解もあるため新規購入時に持っていた不安や迷いがなく、再度購入する可能性が高い存在だといえます。

結局のところ1：5の法則が表しているのは「**ビジネスを効率的に継続していくには、既存顧客の維持が大切**」だということです。とはいえ、売り切り型のフロー型ビジネスでは新規顧客を獲得し続ける必要があります。1：5の法則を理解していても、新規獲得と既存顧客の維持のバランスを取ることは難しいでしょう。

そして2つ目が「**5：25の法則**」。これは「**顧客離れを5％改善すると、利益率が25％改善される**」というもので、既存顧客にリピートしてもらうことが大幅な利益アップにつながるということを表しています。

フロー型ビジネスは、そもそも顧客離れの割合を算出すること自体が難しいでしょう。タピオカミルクティーを毎日1杯飲む人もいれば、月に1度だけ買いに来る人もいます。平均値を出したとしても、あくまで参考値程度の確度です。

■「1：5の法則」と「5：25の法則」

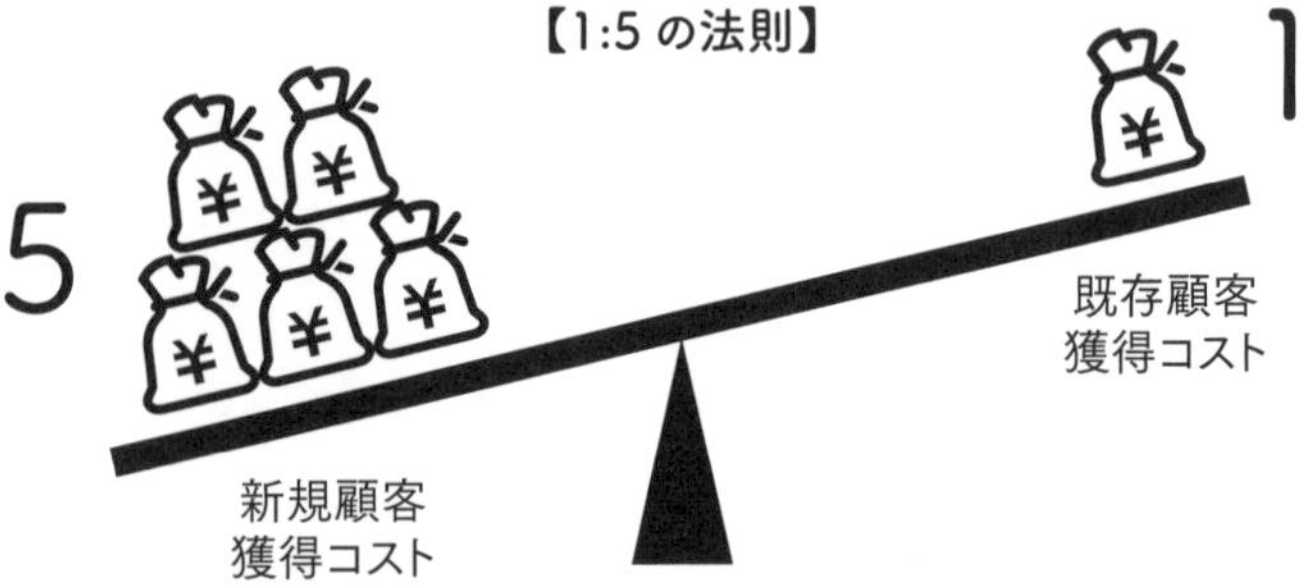

【5:25の法則】

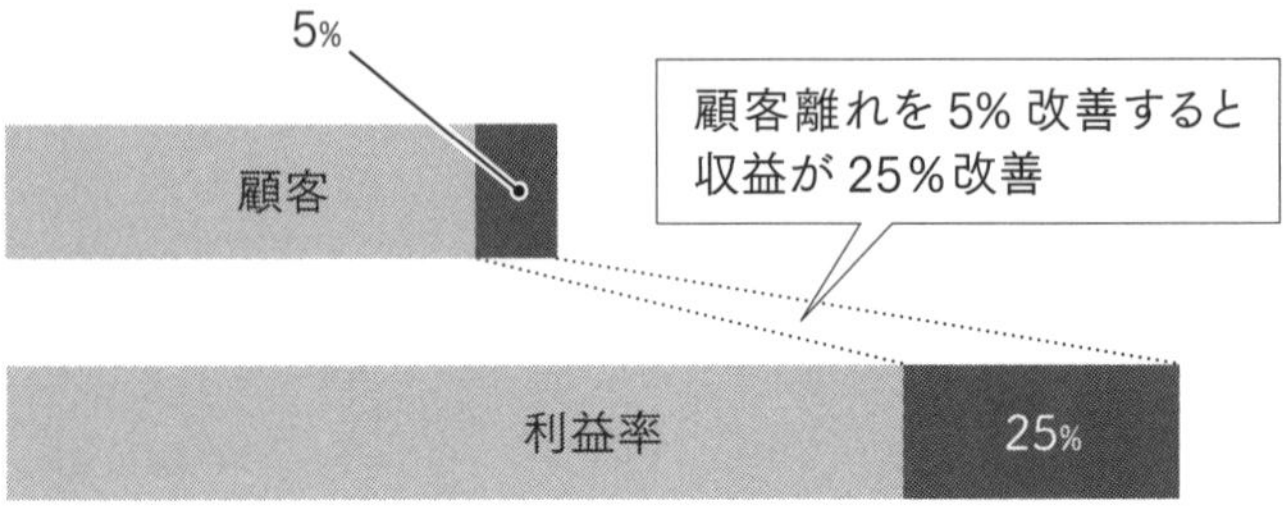

※ 出典：https://closuppo.com/customer-attraction/

ちなみに「**一人の顧客が生涯にわたって事業者にどれほどの利益をもたらすのか**」**という指標を**「**LTV**（**ライフタイムバリュー**）」と呼びます。この「LTV」を使ったビジネス設計がサブスクリプションの成功に、深く、深く関わってきます（詳しくは後述します）。

このように「1：5の法則」も「5：25の法則」も、フロー型ビジネスにあてはめると少々難儀なイメージが湧く一方、非常に相性が良いのがサブスクリプションです。新規顧客の獲得よりも、顧客離れの防止に注力すると利益が残っていく。顧客が継続すればするほど将来の収益が膨れ上がっていく。つまり「**顧客離れを防ぐ仕組みづくり**」**こそが、サブスクリプション設計の基本中の基本なのです。**

キーワードは「習慣化」

サブスクリプションが日常に浸透した要因として、成功したサービスが消費者の中で「習慣化」されていることも特筆すべき点です。音楽を聴く、動画を観る、コーヒーやミネラルウォーターを飲む。こうして並べてみると、毎日何気なく続けている習慣であることに気づきます。必ずしも必要ではないけれども、習慣になると暮らしが豊かになる。そんな生活やビジネスの基盤となるようなサービスが、サブスク化に成功しているように見受けられます。

例としてネスプレッソのサブスクリプションをご紹介します。著者も利用しており、消費者視点で非常に魅力的なものだと感じています。

【ネスプレッソコインプログラム】 ※二〇二一年七月現在、新規契約は受け付けを停止中

① サービスのポイント

・コーヒーメーカーは「実質ほぼ無料」で提供・解約後も返品不要
・月額料金はすべて商品購入費用に充てることができる
・会員向けのサプライズギフトが用意されている

② 習慣化のポイント

・初回の100円でクレジットカードを登録させる（購入しやすい環境をつくる）
・実質無料でコーヒーメーカーを提供し、契約に対する抵抗感を下げる

・「断る理由がない」といえるほど、消費者に有利なサービスでファン化
・サプライズギフトによって注文を体験させる

③詳細

入会時に100円を支払うと、会員のもとにコーヒーメーカーが届く。解約してもコーヒーメーカーを返品する必要はない。つまり実質ほぼ0円でコーヒーメーカーがもらえる。最低契約期間は12カ月、月額料金は1900円～。最低でも年間22800円の支払いが発生するが、ネスプレッソのウェブサイト上で利用できる「ネスプレッソコイン」として、実質キャッシュバックされる仕組み。

さらに開始直後は、およそ3000円相当のグッズが0円となるギフトが用意されている。ギフトを受け取るには、ウェブサイト上でカートに入れて疑似的に購入する作業が必要。つまり会員に注文の過程を体験させることで習慣化を促進している。ちなみにウェブサイト上で4000円以上購入すると送料は無料。

④ 著者による消費者としての行動・感想

送料無料ラインを狙い、支給されるネスプレッソコインに金額を追加する形で購入している。結果的に使っている金額は月額料金の2倍以上。それでもサービスに対して高い満足度を維持している。入会直後のギフトはサプライズで、とても好印象だった。

このように、ネスプレッソコインプログラムは**消費者に負担感を与えずに習慣化させる非常に巧みなサブスクリプション**だといえるでしょう。サブスクリプションを設計する際には、あなた自身が消費者として体感することもおすすめです。自分がどんな行動をし、感想を抱くのかも設計上の重要なヒントになります。

また言わずと知れた**Amazon プライム**も、巧みに習慣化されたサブスクリプションです。月額500円を払えば、購入品の無料配送、映画や音楽配信サービスの視聴といった複数の特典が受けられる。こうして便益に慣れてしまうと、たとえ値上げしても簡単には手放せないと感じます。新たなインフラ化に成功した、非常に強力なサービスです。

サブスクリプションとして継続利用を促進する「習慣化」。事業者としては、すでに習慣化されたものに目をつけてサブスク化するか。新たな習慣をつくりだすか。2通りの戦略が考えられます。

■ ネスプレッソコインプログラム

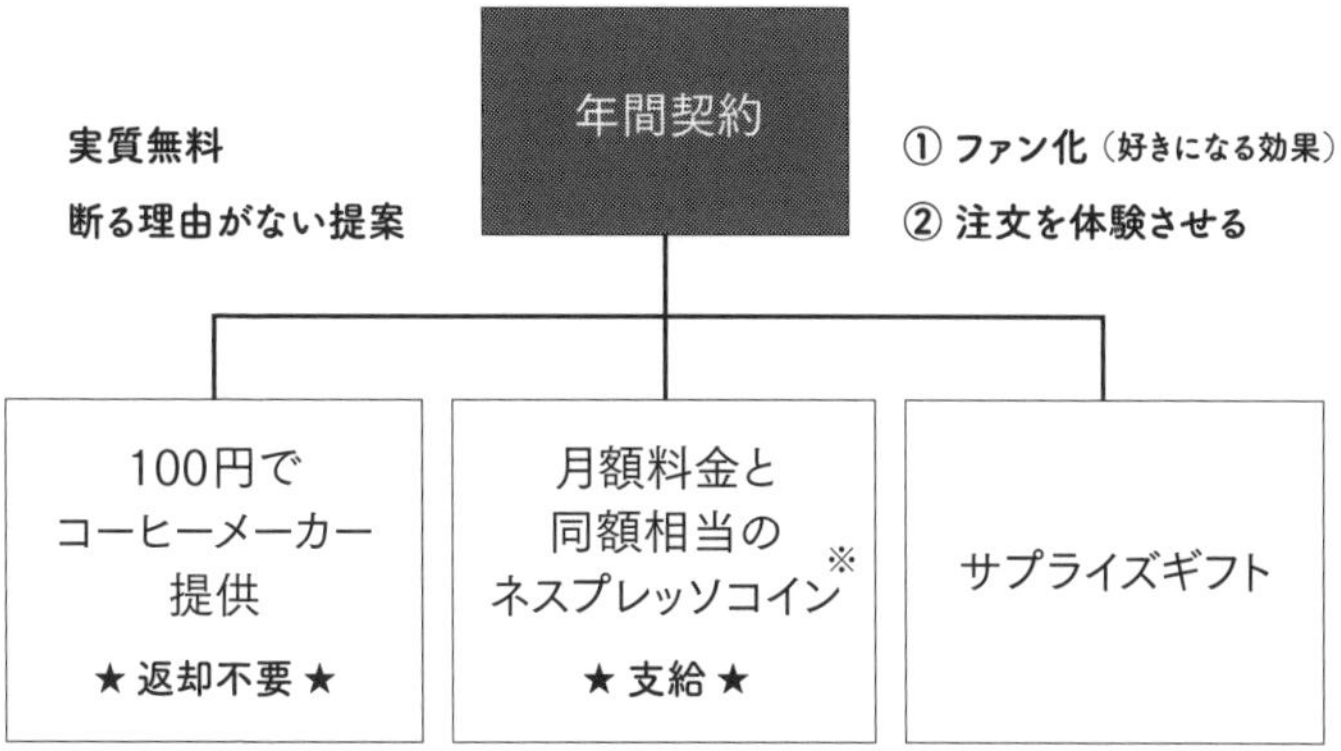

※ ネスプレッソコイン：コーヒーカプセルやマシン等の商品購入に全額充当できる。

【習慣化のポイント】

◎ 初期導入の心理障壁が低い（コーヒーメーカー提供）。

◎ 月額料金は実質、コーヒーカプセルなどの商品購入に全額充当できる。

3 サブスクリプションのサービス設計

フロー型ビジネスとの決定的な違い

既存のビジネスをサブスク化する前に、必ず知っておいてほしいサービス設計の2つのポイントがあります。これらはフロー型ビジネスの設計では重要視されないため、初めてサブスクリプションに参入した事業者が失敗する要因にもなっています。

フロー型ビジネスのサービス設計で重要なのはこの3点セット。

・商品力（良い商品・サービスをつくる）

・集客力（販売するためのマーケティング活動）
・営業力（成約に結びつけるクロージング手法）

「成約」をゴールとして考え、これら3点のPDCAを回してビジネスの質を向上させていく。これが成功のセオリーです。

ところが**サブスクリプションの場合、ゴールは「継続」**。3点セットはもちろん重要な要素ですが、**成約は通過点にすぎません。顧客の解約率を抑えるとともに、継続利用によって新たな課題も発生します。つまり、フロー型ビジネスとは別の観点でサービス設計を行わなければならないということです。**

「継続」の観点で必要になるのが、まずは「**サポート力**」。高い顧客満足度を維持するために、細やかな顧客フォローが求められます。「**不安を解消できているか**」「**かゆいところに手が届くか**」など、顧客視点に立ったサポート体制をつくることが求められます。

そしてもう一つが「**事務処理能力**」。具体的には継続課金に対応する処理能力を指しています。ちなみにフロー型ビジネスは、商品の売買が1度限りの支払いで完了します。ですから決済に関してはさほど苦労を感じない点なのですが、定期的な支払いとなると話は全く変わっていきます。

たとえば銀行引き落とし（口座振替）で対応する場合、事業者側ではこのような業務が行われています。

・契約者の一覧データを作成
・引き落とし期日の数週間前までにＣＳＶファイルなどで口座振替サービス側へ登録
・期日経過後、消込作業で入金確認
・残高不足の契約者（未払い者）に催促、銀行振り込みを依頼
・未払い者の入金確認

これらの業務が毎月繰り返される上、顧客が増えれば増えるほど煩雑《はんざつ》化していきます。手作業で対応するとしたら、相当な労力やコストがかかることをご想像いただけるのではないでしょうか？　大手企業であればマンパワーで解決できるかもしれませんが、中小規模の事業者ではそうはいきません。事務処理でパンクしないために、多くの事業者はデジタルシフトによって自動化を進めています。

■ サブスクリプションの設計要素

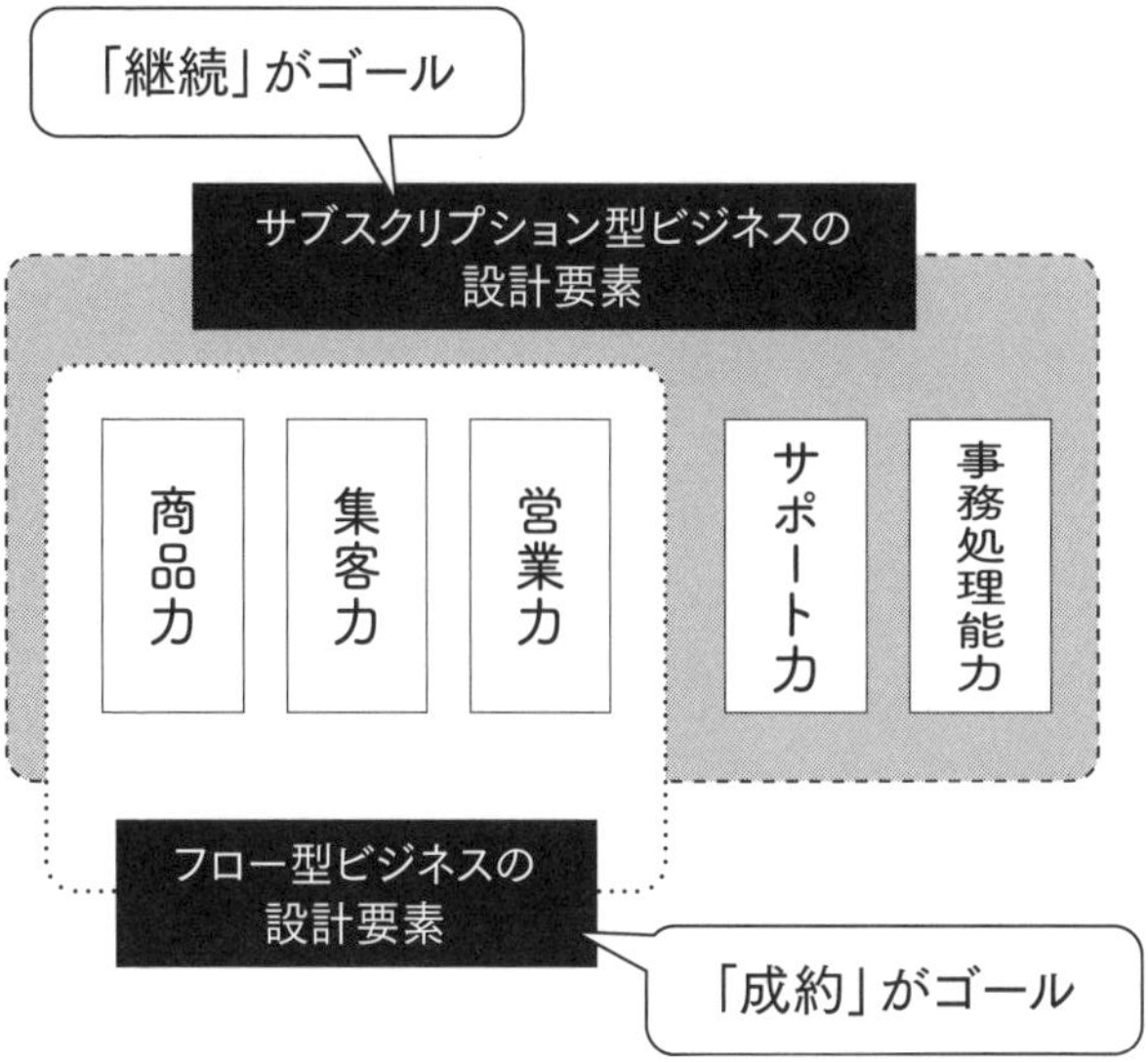

「サポート力」や「バックヤードの仕組みづくり」はフロー型ビジネスの性質上、あまり重要視されないため、戸惑う方も多いかもしれません。サブスクリプションを始める際には頭を切り替え、成約の先にある「継続」を見据えた長期的なサービス設計を心掛けましょう。

5年先を見通せる魔法の数字「LTV」

定期的な収入が約束される点が魅力のサブスクリプション。さらに「5年先の収益が見通せる」と言ったら驚く方も多いでしょう。

経営者や事業開発を手掛ける方なら「LTV」という言葉を聞いたことがあるのではないでしょうか。**LTVとは「顧客生涯価値（Life Time Value）」の頭文字を取ったもので「1人の顧客が生涯のうちに事業者にもたらす収益」を指します。**ポイントは1回だけの取引ではなく、2回目以降の取引で得られる収益も合計して算出するということ。「一時的な取引よりも顧客と長く付き合うことが大事」という考えのもと、企業活動における重要な指標とされています。

このLTVが算出できれば、業績の予測や広告費といった予算の意思決定が容易になり

ます。しかし、実際にＬＴＶを具体的に算出できるのか、というとそれはまた別の問題。膨大な顧客を抱え、ビッグデータを取得できる大手企業であれば別ですが、中小事業者にとってはあくまで「目安」程度の試算にとどめられていました。

ＬＴＶの計算は難しい……。この常識を覆すのが、サブスクリプションです。**サブスクリプションであれば、とてもシンプルな計算式で現実的なＬＴＶが算出できるのです。**

さて、ＬＴＶが計算できる、先々の収益が見通せる魔法の計算式とは？

「サービスの月額料金÷解約率」

たったこれだけです。

ここで具体的な例を挙げて計算してみましょう。一般的に継続率が高いとされるＳａａＳ系のサブスクリプションを想定します。

価格は月額1万円、継続率は95％の場合。ちなみに継続率を簡単に説明すると、月初めの契約数が月末にどれだけ残っていたかの割合です。１００名の顧客のうち、月内に5名が解約すれば、継続率は95％となります。解約率は継続率の逆ですから5％となります。

これを計算式にあてはめると、1万円÷5%（0・05）＝1人あたりのLTVは20万円。ちなみにこの金額を月に換算すると20カ月分。言い換えると「顧客の95%はサービスを平均20カ月間継続してくれる」という解釈になります。それでは、算出されたLTVはどう活かせるのか？

まず、**新規顧客を1人獲得するために使えるコスト（顧客獲得コスト）の上限がわかります。**この利益が残る、あるいはプラスマイナスゼロの範囲はLTVの金額、つまり20万円という考え方ができるのです。この金額より低いコストで新規顧客を集められている限りマイナス収支にはならず、将来的に利益が積まれていきます。10人の顧客を増やしたければ、予算はLTV×10倍の200万円、といった具合で算出します。合理的な根拠のもとで新規獲得費用の算定ができるようになります（現実には諸経費やキャッシュ・フローを考慮する必要がありますので、あくまで基本的な考え方としてご理解ください）。

そしてこの**LTVを維持する、つまり価格帯と解約率をキープすれば、3年先、5年先と先々の収益の見通しも立つわけです。**「先々の収益が不透明」という見えない不安は解消され、ゆとりを持ってビジネスを俯瞰《ふかん》できるようになるでしょう。

あなたが実際にサブスクリプションを開始しLTVを把握する際は、まず初年度1年間

■LTVとは

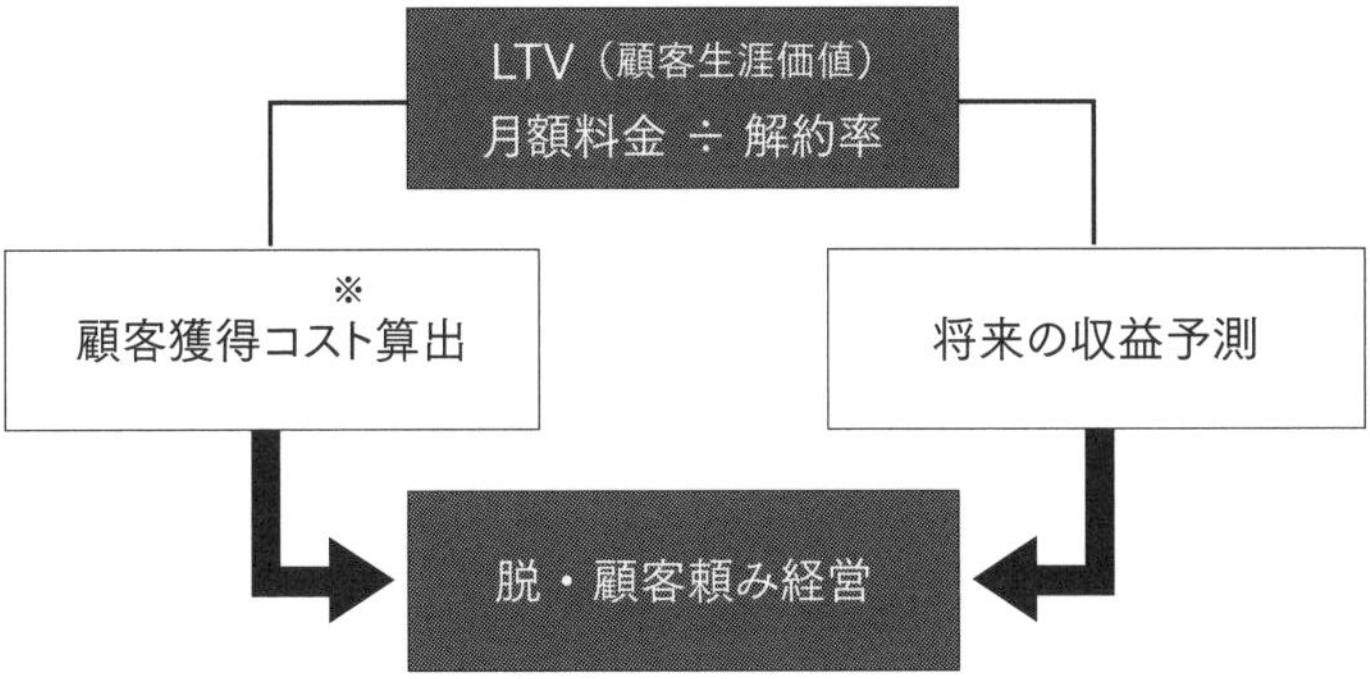

※ 新規契約（顧客）を1つ獲得するために必要なコスト

で月々の継続率をチェックすることから始めましょう。１年分のデータが貯まった時点で平均値を出せばよいのです。

もしもあなたが街のケーキ屋さんだったら、単品販売する限りＬＴＶを出すのはとても難しいですが、サブスク化すれば簡単に解決します。小規模であっても将来的な見通しが立てられる。顧客頼みの経営から脱出できるのがサブスクリプションの大きな魅力です。

＊本書では購入特典として「サブスクリプションビジネス収益シミュレーションシート」（↓巻末参照）をご用意しています。今回お話ししたＬＴＶを用いた収益予測で、１年後から5年後までの収益が予測できる仕組みです。ぜひご活用ください。

4 さあ、サブスク化の下準備を整えよう

限界費用とサブスク化

ここまでのお話で、サブスクリプションには**「どんな商材・サービスでも」「小規模事業者にも個人にも」チャンスがある**、ということがおわかりいただけたと思います。そう考えると逆に何をしたらよいのか迷ってしまうかもしれませんね。

一つ有利な武器があるとするならば**「すでに商材やサービスを持っていること」**でしょう。フロー型ビジネスとして成立しているならば、アイデア次第で必ずサブスク化できるはずです。ただし、アイデアを練る際に注意してほしいポイントがあります。

たとえばスポーツジムの運営。一カ所の店舗で抱えられる会員数には上限があります。新規顧客が増えれば新店舗の設立、スタッフの増員、時にはエリアマネージャーが必要となるなど多額のコストが追加されます。結果、利益が圧縮され、「忙しいのに儲からない」悲惨な状態に陥ることがあります。

このように**生産量**（**例では新店舗の設立、スタッフの増員**）**を増やした際に追加される費用を経済学で「限界費用」と呼びます**。この限界費用を考慮しておかないと、事業拡大を続けるにあたり思わぬポイントで事業者側の負担が増え、難易度が高くなります。顧客や契約数が増えれば増えるほどうれしい状態、とはならないこともあるのです。

積み上げ型のサブスクリプションでは「**限界費用をいかに抑えるか**」という観点も重要なポイントの一つです。あなたが手掛けているビジネスの限界費用はいかがでしょうか。ぜひ確認してみてください。

この限界費用を抑えて事業者側の負担を少なくする方法といえば……。物理的な問題を解消できるもの、そう、デジタルシフトです。

スポーツジムのデジタルシフトと考えると、ライブ配信やレッスンの動画コンテンツなどが考えられるでしょう。コンテンツ化してしまえば、視聴者がいくら増えても、事業者側の負担はほぼゼロです。最近では新型コロナの流行が影響し、スポーツジムや塾、カルチャースクールといった教室系の事業が次々とデジタルシフトしています。

サブスクリプションを構成する6要素

とはいえ世の中のサブスクリプションの中には「これは事業者側に負担が大きすぎるのではないか」と思うものも存在しています。同時に消費者がデジタルのサービスだけを求めているわけでもありません。そこで重要になるのがポジショニングです。

図の六角形は、筆者が考案したサブスクリプションにおける6つの構成要素を表しています。あなた自身の事業者タイプと商材・サービスのタイプを把握して、自分たちがどういったポジションにあるのか。強み弱みを考えてみてください。

【サブスクリプションを構成する6要素】

まずは事業者側のコストに関する分類です。

①継続コスト

継続的に必要となる在庫や労力などのコストの低さ。商品開発の企画力なども含まれる

②初期コスト

顧客・契約が一つ増える度に事業者が負担する仕入れにかかるコストの低さ

以下は、消費者視点で見たサービスの特徴を分類しています。

③提供期間

消費者がサービスを必要とする期間。たとえば進学塾であれば、「受験のタイミング」

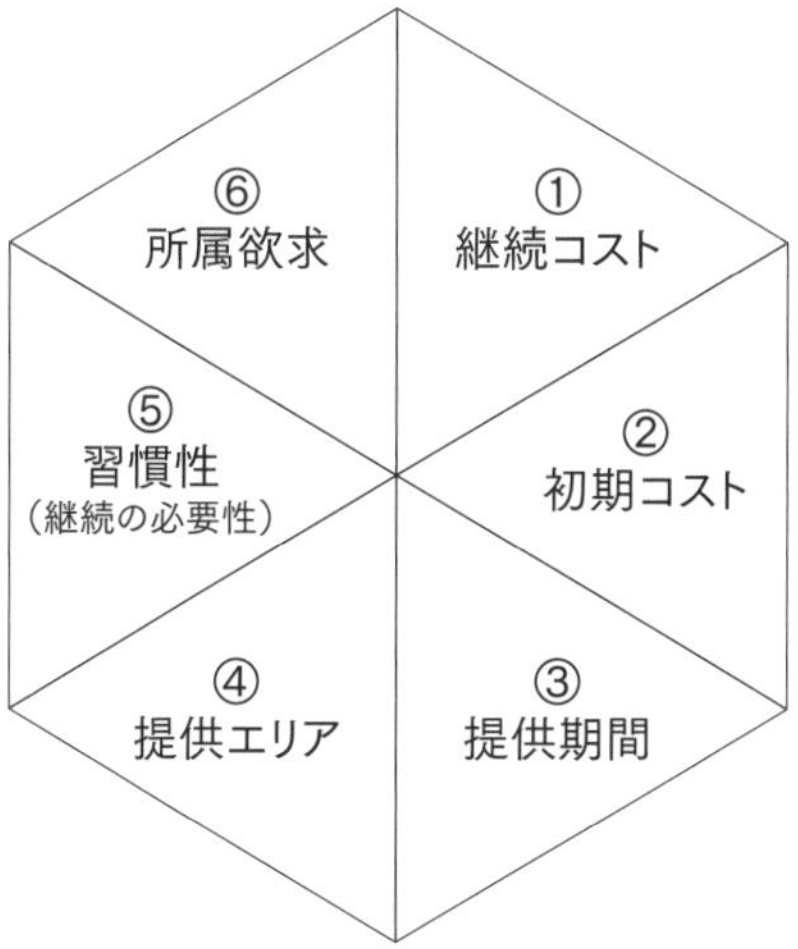

までがサービスを必要とする期間となる。

④ 提供エリア

サービスの提供が可能な物理的距離。リアルな店舗や施設を利用するサービスは提供エリアに限界がある。

⑤ 習慣性

消費者視点で見た習慣性の強さ（継続の必要性）。生活の中でインフラ化しているものは習慣性が高く、娯楽に近ければ習慣性は低いといえる。

⑥ 所属欲求（メンバーシップ性）

消費者視点で所属欲求を満たす度合い。ファンになる、コミュニティの一員となるようなものは所属欲求を満たしやすい。

この6要素の凸凹によって、おおまかなビジネスの傾向が判別できます。注意していただきたいのは「どのビジネスが良い、悪い」という話ではない、ということ。強みと弱みを理解し、より良いビジネスへ発展させるためのヒントになさってください。

一例として、特徴的な傾向を3タイプに分類しました。

Ⓐ理想形タイプ

事業者視点における「サブスクリプションの理想」に近いタイプ。事業者側の負担が少なく、小規模事業者でも参入しやすい。

例：動画配信サービスや会計システムなどのSaaS型サービス

【理想形タイプ】

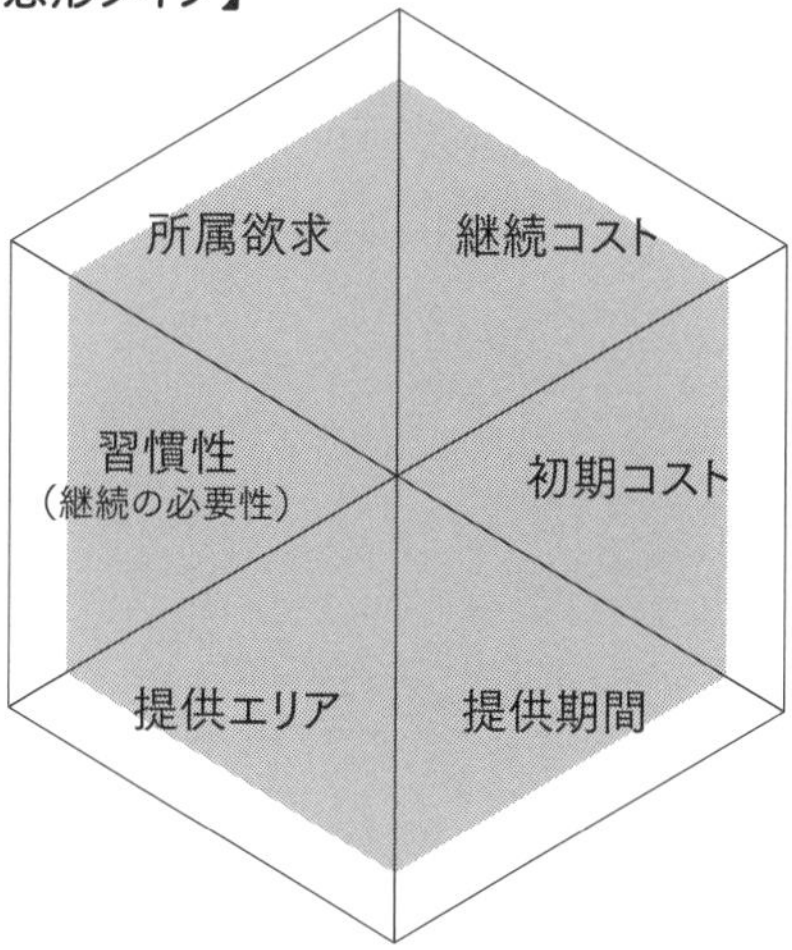

Ⓑ難攻不落タイプ

事業者側の負担が大きい分、参入障壁が高い。ライバルが少ないというメリットがある。資本力が潤沢にある事業者向き。

★具体例

アクションカメラ「GoPro」のサブスクリプション

年会費を支払うと、カメラを含むアイテムの割引購入、専用クラウドストレージの無料利用（容量が大きい映像データが無制限で保存できる）などの特典が付与される。購入したカメラが故障した場合、理由問わず交換可能。

「直販による中間マージン削減」と「資本力」を活かし充実のサービスを実現した、メー

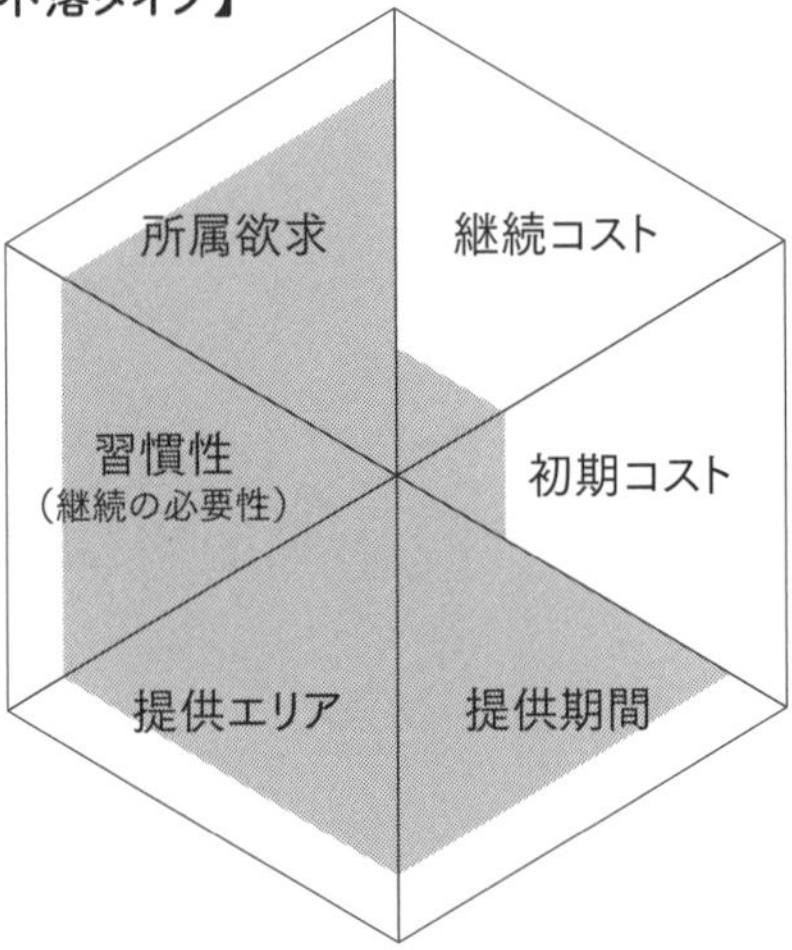

カーによる難攻不落タイプの好例。

例：自動車の定額利用サービス、ミネラルウォーターの定期配送など

©チャレンジャータイプ

オンライン提供型のサービスにすることで提供エリアの制約を解消。どの項目を高めるかは事業者のアイデア次第となる。趣味嗜好で選ぶものや一時的に利用されるような商材・サービスをサブスク化する。例えば、習慣性を高めたい場合は、消費者の生活に溶け込ませる工夫が必要。

例：eラーニング、オンラインサロン、ファッション雑貨のレンタルサービスなど

【チャレンジャータイプ】

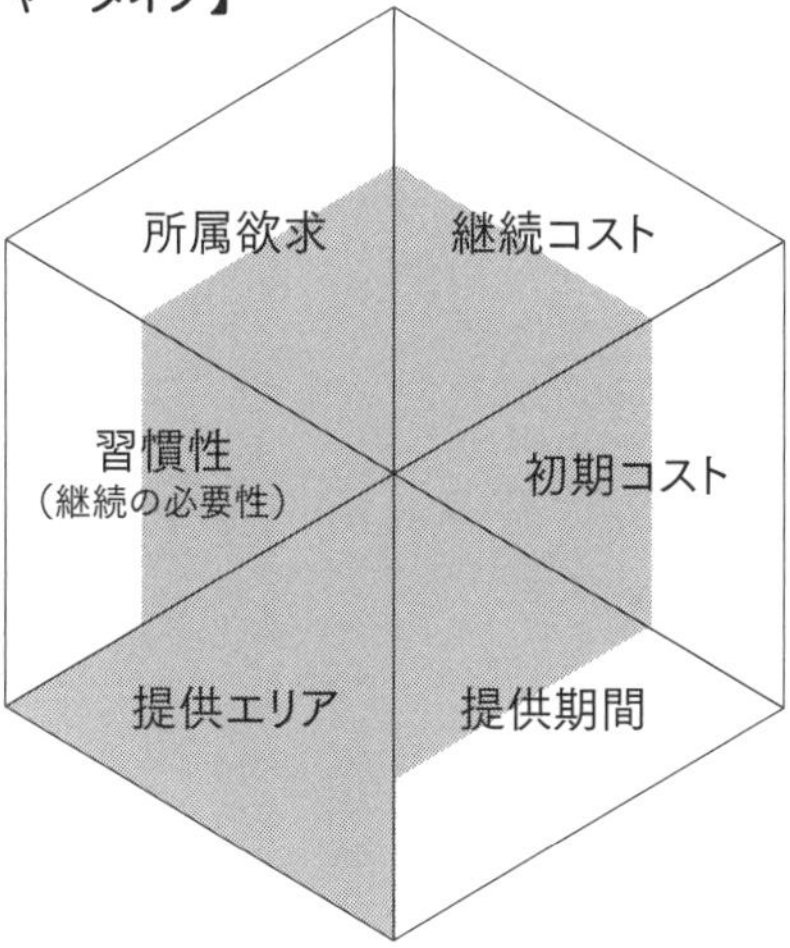

体力のある事業者であれば、参入障壁が高い分野に進出するのもよし。スタートアップ企業や個人の場合はアイデア勝負で戦うもよし。あなたのポジションを把握して、適切なサブスクリプションを設計しましょう。

「フリーミアムモデル」は強者の戦略

サブスクリプションの設計に関して、「**フリーミアムモデル**」という手法が話題になっているのをご存知でしょうか？　これは「フリー（無料）」と「プレミアム」を掛け合わせた造語で、商品・サービスの基本的な部分は無料で提供し、さらに高度なサービスに関しては有料で提供する、というモデルです。

主にＳａａＳ型のサービスで用いられるモデルで、Gmailや音楽配信サービスのSpotify、オンラインストレージのDropboxなどが採用しています。契約のハードルを最低限（無料）にしているため利用者は増えやすいのですが、総合的に考えると事業者に優しいモデルとはいえません。

事業者にとってフリーミアムモデルのメリットは「**見込み客のリストが大量に取得できる**」という点でしょう。リストを元にあとからアプローチがかけられます。ですが消費者からすれば、低額でもお金を支払って利用する場合と、いわゆる「タダ乗り」する場合とでは、意識がまったく違うはずです。タダ乗りはサービスに対する帰属意識も少なく、できる限り無料のまま使おうという気持ちが働きます。つまり有料化の見込みが低いリストを持っていても、収益化につなげるのは難しいのです。実際にフリーミアムモデルで大成功している例はさほど多くないはずです。

そもそも消費者が無料で使う部分、つまり基本的なサービスに莫大な運用コストがかかります。事業者の負担がとても大きくなりますので、中小企業や個人事業者の方には厳しいモデルです。負担に耐えうる資本力がある企業であれば、始めてもよいのではないかと思います。

初回契約のハードルを下げるモデルであれば、もう一つの手法である「**ツーステップマーケティング**」を用いる方が効果的でしょう。サブスクにおける「ツーステップマーケティング」は、いわゆる「お試し期間」といえばわかりやすいかもしれません。入口は無料、あるいは低価格で提供し、次回からは本来の価格体系で利用してもらう方法です。多くのサブスクリプションで「初月無料」というふれこみを見たことがあるのではないでしょうか？　このモデルとフリーミアムモデルとの大きな違いは「**優遇する期間が決まっていること**」。消費者側も有料化を見据えて契約するケースが増え、見込み客の中でも本気で利用を考える客層への訴求力が高まるでしょう。

5 消費者の心をつかむサブスクリプション

消費者のメリットを理解しよう

では、サブスクリプションで消費者の心をつかむにはどうしたらよいのか？　ここで消費者視点におけるサブスクリプションを使うメリットを整理してみましょう。大きく分けて4つのメリットが考えられます。

1つは「**初期コストが抑えられる**」。前章でお話ししたように、現代の価値観ではモノの所有にお金をかけるわけではありません。モノを使って得られる体験や便益に対して料金を支払う、という考え方にシフトしてきています。金額の大きな商品を購入する時、消費者にはある程度の覚悟が必要です。「本当に買っていいのだろうか」と迷った結果、購入を諦める場合もあるでしょう。初期コストを抑えられる上に、常に新しいものが使える点はサブスクリプションの大きなメリットです。

2つ目は「**多くの体験や商品と出会える**」。利用したい時だけ料金を払えるサブスクリプションでは、さまざまな商品・サービスをつまみ食いのように体験できます。大きな支出を伴わずに商品を試せるという安心感、そして本当に自分にマッチするものに出逢えるチャンスを提供しているのです。

3つ目は「**モノの管理から解放される**」。いったんモノを購入してしまうと、不要になった際に自分で処分しなければなりません。自動車であれば売りに出すか廃車にするか。テレビや冷蔵庫などの大型家電であれば処分する際にリサイクル料金までかかってしまいます。サブスクリプションであれば解約すれば済む話ですから、消費者側の負担が少ないのです。

そして4つ目は「**選び疲れの解消**」。多様性があり、好きなものが選べる現代。だからこそ、今度は選択して意思決定し続けることに人々は疲れ果てています。ここにおまかせで誰かにまとめて選んでほしい、といったニーズが存在します。サブスクリプションの例としては、食材の宅配サービスやフラワーショップがコーディネートした花束が届く「お花の定期便」などがあります。

こうして整理すると、年代や性別を問わずあらゆる消費者がサブスクリプションのメリットを享受しているといえるのではないでしょうか？　トレンドに敏感な若者はもちろん、出費の多い子育て世帯、自宅で過ごす時間が増えたシニア層など……。サブスクリプションの可能性は今後ますます広まっていきそうです。

固定費の壁。ライバルは電気代

著者がサブスクリプションを開始したのは15年前。当時はサブスクリプションという言葉も存在しておらず、世の中ではフロー型ビジネスが主流でした。消費者の中で「毎月支払い続ける」ことへの心理障壁が高かったのでしょう。正直な話、まったく契約の取れない日が続いたものです。

実際のところ、月額９８０円のサービスよりも、買い切りで１万９８００円のサービスの方がたくさん売れます。たとえ金額が20倍近く違っていたとしても、です。この違いは何なのでしょう？　それは紛れもなく「人は固定費を増やすことに抵抗がある」からです。

コツコツ貯めたお小遣いで思い切って高額な商品を購入した。みなさんにもきっとこのような経験があるでしょう。買い切り商品の場合、高額でも痛みを味わうのは一度だけ。「喉元すぎれば熱さを忘れる」という感覚になります。一方、継続的に痛みを味わい続けることは、たとえ少額でもストレスを感じるものです。毎月の固定費が増えるということは、自由に使えるお小遣い（可処分所得）が毎月減るのと同じこと。抵抗があるのも理解できますよね。

よって、あなたの提供するサブスクリプションに申し込んできた顧客は「固定費の壁を乗り越えてきてくれた方」。期待を裏切らないようにサービスをアップデートしていきたいものです。

ただサブスクリプションの民主化が進む現在では、消費者の抵抗感は以前よりも下がりつつあり、事業者としては参入しやすい土壌が整ってきたと思っています。

このように、**サブスクリプションは「一度きりの変動費」ではなく「日々の生活がどれぐらい圧迫されるのか」という固定費に近い基準で考えられる傾向があります。**前節でお伝えした習慣化ともリンクする現象です。固定費といえば、家賃や水光熱費、携帯電話料金など。固定費となると無尽蔵に使えるわけではなく、消費者それぞれにひと月当たりの許容範囲があります。

極端にいえば、**サブスクリプションのライバルは「電気代」。固定費として許容できる金額枠の奪い合いになっているということです。**一度入りこめれば継続されやすい反面、消費者の目は少しシビアだということも頭に置いておきましょう。

心理学で消費者のツボを押さえる

本節では消費者がサブスクリプションに対して感じる、さまざまなメリットや障壁についてお話してまいりました。ざっくりと消費者のニーズをつかんでいただければ幸いです。最後は、心理学を使って「消費者のツボ」を押さえるコツをご紹介します。ご自身の身に置き換えると「なるほど」と頷けるものも多いはず。サブスクリプション設計にぜひお役立てください。

■損失回避の法則

人間は「得すること」よりも「損をしないこと」を無意識に選ぶといわれています。一旦利益を享受すると、今度は失うことが怖くなるのです。サブスクリプションを利用し続ける行動も、この法則にあてはまるでしょう。

オンラインサロンや協会ビジネスのように、所属欲求をくすぐるものはこうした心理が強く働くようです。

■単純接触効果

ある対象への接触回数が多くなると、親しみを感じるという法則です。対象は人間だけでなく、モノや場所にもあてはまるといわれています。サブスクリプション運用においては事業者と顧客間で直接コミュニケーションを取る機会が多くなります。フロー型ビジネスよりも単純接触効果が高く、事業者に対して帰属意識を感じやすい傾向があります。

丁寧なサポートを心掛けると共に、キャンペーンなどの施策でサービスに触れる機会を増やすと、一層効果が高まるでしょう。

■決定回避の法則

選択肢が多くなりすぎると、人は一つを選ぶ意思決定を避けるようになる、という法則です。本節の「消費者のメリットを理解しよう」に登場した「選び疲れ」は、まさにこの決定回避の法則によるものです。

おまかせで商品を選んでくれる、何かしらの行動を代行してくれる。いわゆる「代行型」のサブスクリプションは、この法則を反映したビジネスです。

第3章

サブスクリプション事業者になるための実践ステップ

Practical Steps to
Becoming a
Subscription Provider

1 成功に向けたマインドセット

目標は逆算で決める

ではいよいよ、サブスクリプション事業者になるための実践的なお話に進んでいきましょう。あなたは今、頭の中でどんなことを想像していますか？

「自社のこの商品をサブスク化したい」
「何をサブスク化するかは決めていないが、年商でこれくらいの金額をめざしたい」
「パラレルワークや副業でサブスクリプションを始められないものか」

きっとそれぞれの夢を思い描いていることと思います。

具体的に夢を実現するために、まずは「数字」から意識してみましょう。

・「何年後」に「いくらの収益」をめざすのか？
・目標を達成するには、どんな「価格帯」の商品・サービスが必要なのか？　顧客数は「何人」必要なのか

大切なのは**商品・サービスありきで考えるのではなく、「将来ありたい姿」から逆算することです**。サブスクリプションはモノと異なり、スペック（サービス内容）をフレキシブルに変えることができます。まずは**目標設定を優先して、妥協しない形で目標に近づけるサービス内容を考えていきましょう**。

より具体的に計画を立てる際には、本書特典の「**サブスクリプションビジネス収益シミュレーションシート**」（巻末）をご活用ください。5つの項目（月額料金、自力で獲得する新規数、継続率、1人あたりの顧客獲得コスト、広告費）を入力するだけで、5年間のシミュレーションが行えます。

顧客獲得コストとは、新規契約（顧客）を1件獲得するために必要なコストのことです。

必須の二大スキル

第2章でもふれたように、サブスクリプションとフロー型ビジネスのサービス設計における決定的な違いは「**サポート力**」と「**事務処理能力**」です。**成約がゴールではなく「継続がゴール」であることを考えると、この2つはサブスクリプションの生命線ともいえる必須スキルです。**

どんなに新規顧客を増やそうが、解約が多ければ穴の開いたバケツにひたすら水を注いでいるようなもの。大きな穴が開かないように、顧客の満足度を高めて継続率を高く維持するためのサポートが必要です。

顧客がサブスクリプションを契約する際には、何らかの「期待」があります。この期待が裏切られてしまった時、解約を検討するのです。たとえば「商品やサービスの使い方がわからない」という理由で解約を決められてしまったら、非常にもったいないですね。使い方をレクチャーするサポートがあれば継続できるでしょう。

そして**請求関係のトラブルも、顧客の期待を裏切る重大な理由にあたります。**契約状況に沿った請求を行う「契約管理」は、サブスクリプションにおける事務処理のカギです。売り切り型のフロー型ビジネスの場合は、お金のやり取りが一度で完結するため、問題に上がることはほぼありません。ところがサブスクリプションは契約が続く限り、一定の間隔で請求が発生するわけです。**膨大になる契約管理作業を人海戦術のアナログで行うのはとても非効率。つまり、デジタル化、オンライン化を進めることが不可欠です。**

LTVを最大限に活用する方法はコレ！

せっかくサブスクリプションを始めるのなら、**LTV（顧客生涯価値）を最大限に活用しましょう。**具体的なLTVを算出できると、将来の収益予測が可能になると同時に、赤字を出さずに運用できる広告費用も判明します。ここでいう広告費用には、顧客獲得にかかるすべての費用を含みます。

レバレッジという言葉をご存知でしょうか？　てこの作用に見立てて「少ない投資で大きなリターンを得ること」を意味します。金融取引の場面で「**レバレッジを効かせる**」などと聞いたことがあるでしょうか。**ビジネスにおいては広告を使うことも一種のレバレッ**

ジに該当します。広告を使えば、自力で1人1人の新規顧客を獲得するよりも遥かに効率的かつ大きな成果が期待できます。

LTVがわかるということは、リスクを抑えながらレバレッジを効かせられるということ。さらに広告運用、分析によって、「成約1件あたりの獲得コスト」が明確になります。獲得コストが粗利を越えないように広告を運用すれば、集客面での無駄なコストを抑えられるのです。

レバレッジを効かせない堅実経営の危険性

「広告を増やさなければ利益率が上がるし、そのままで良いではないか」、そういった意見もあるはずです。たしかに、事業開始時点では収益が確保できていませんから、コストをなるべくかけずコツコツと新規顧客を獲得することが得策です。しかしビジネスの規模が大きくなった後に同じような動きをしていると、やがて成長性が鈍化し、尻つぼみになることも考えられるのです。

こちらのグラフをご覧ください。

■解約率と売上金額の関連性（解約率20%の場合）

【① レバレッジを効かせない場合】
（広告費を使わない）

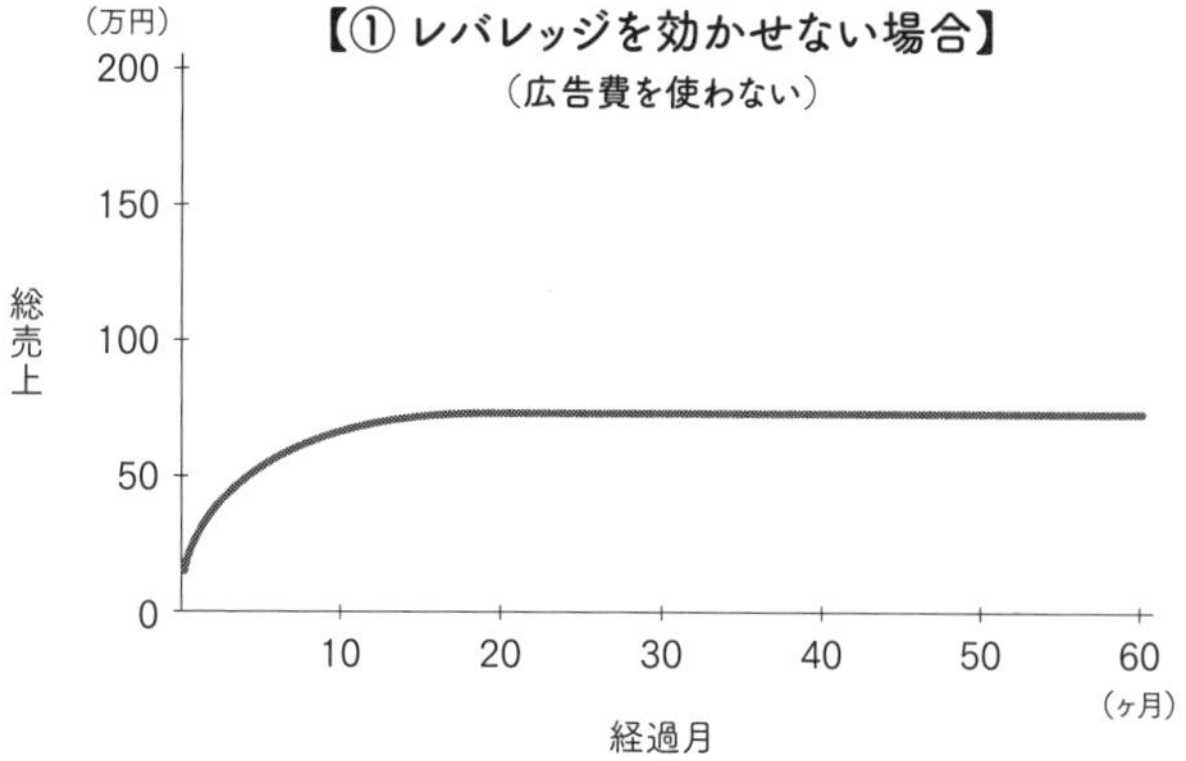

【② レバレッジを効かせた場合】

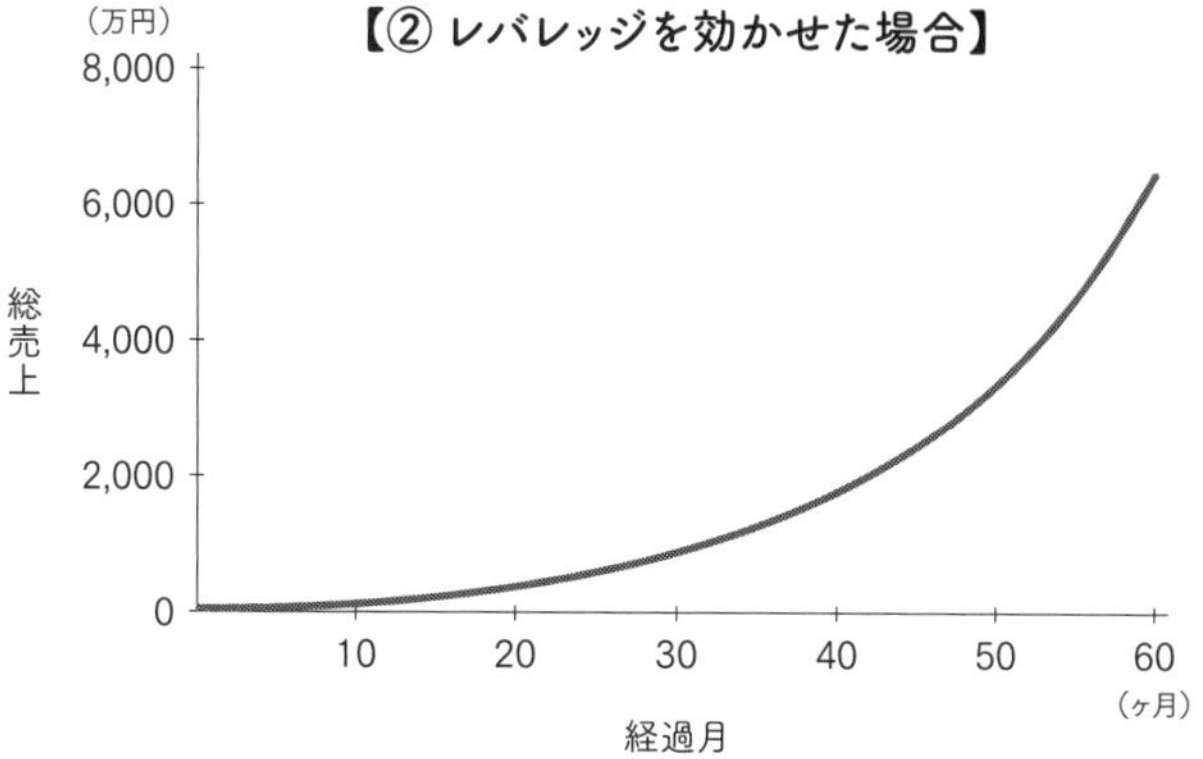

これは顧客の解約率と経過月ごとの売上高の関係性を表したものです。①は広告を使わず、毎月15人ずつ、コツコツと新規顧客を増やし続けたケース。②は毎月広告を使ったケース。広告費は過去5カ月の売上金額×30％を投下しています。

分岐点は10カ月目。ここまでは①が順調に売り上げを伸ばしていますが、10カ月目以降は②が爆発的に売り上げを伸ばし始めます。対して①の売り上げは時間の経過とともに横ばいに推移するようになります。これはどういうことでしょうか？

毎月の解約人数を算出するには以下の式が成立します。

当月の顧客総数Ⓐ×解約率＝当月の解約人数Ⓑ

新規顧客が増えるほどⒶは増加します。この式にあてはめると、Ⓐの増加に比例してⒷも増加するということになります。つまり「一定の解約率を維持しても、新規顧客が増えるほど解約人数も増えていく」ということです。

グラフ①では顧客総数が増えても、新規顧客の増加数は毎月15人と固定されています。この状態が続くと、やがて解約人数と新規顧客数が同数になる時が来る。すると、毎月の売上金額も成長が止まり、横ばいになってしまうのです。実際に中小規模の事業者において自力で毎月15人の会員を集めるというのは、かなりポジティブな予測です。しかし、そのように上手く事が進んだとしても直に頭打ちになってしまうということがわかります。

サプリメントなどの定期配送サービスはレバレッジを活用している顕著な例です。薄利になったとしても利益が残るうちはどんどん広告費を上げていく。そうすることでビジネス規模の拡大を続け、結果、とんでもない総売上になります。こうなると薄利であっても利益の絶対額は莫大な金額になってくるのです。

広告手法の選び方

ちなみに上手くレバレッジを効かせるためには、**広告手法の選択も大切になります**。サブスクリプションを事業化する際には、以下の広告がおすすめです。

① 検索連動型広告

いわゆるリスティング広告と呼ばれるもので、Google や Yahoo! などの検索エンジン上で、関連キーワードの検索結果に表示される広告です。以前ご紹介した「ロングテール市場」を思い出してください（↓55ページ「オンライン市場なら、個人でもニッチなサービスが通用する」参照）。店舗の場所や広さといった物理的な制限にとらわれないオンライン上には、売れ筋商品以外にも幅広い市場が広がっています。検索連動型広告はこのロングテール市場における集客に効果的です。ターゲットが商品・サービスを見つけてくれる可能性が高まると共に、掲載結果を分析して市場を把握できるというメリットもあります。**不特定多数に見てもらえるため、予想外のニーズが見つかることもあるでしょう。**

②ディスプレイ広告

ウェブサイトやアプリに掲載する、テキストや画像、動画などを使ったバナー広告です。ディスプレイ広告のメリットは、掲載メディアや広告を見せたいユーザーの属性などを自ら選定できること。**検索連動型広告はユーザー側から見つけてもらう「受け身」の戦略であるのに対して、ディスプレイ広告は自ら選んだ市場を狙い撃ちする「攻め」の戦略だといえます。**

誰もが必要とする汎用性の高いサブスクリプションを提供する場合や、新しい市場を開拓したい時は検索連動型広告を。ある程度顧客がわかっていて、特定の対象にピンポイントで集客したい場合はディスプレイ広告というように、手掛けるサブスクリプションの内容や戦略に応じて使い分けることをおすすめします。

サブスクリプションの成長ステップとKPI

サブスクリプションを始めるマインドセットができたら、次は「どう育てていくか」を考えましょう。

株式会社TAKETINが提供している「TAKETIN MP」は15年前にサブスクリプションを開始。現在利用者は200事業者を突破し、軌道に乗りました。次のステップは充実期として、サービスのブラッシュアップや品質の安定化に力を注いでいきます。

サブスクリプションを育てるには一朝一夕というわけにはいきません。駅伝のような長期戦となります。コースに応じて坂道が強い選手、長距離が得意な選手、と采配を決めるように、サブスクリプションにもフェーズに応じた戦略が必要です。

ここに、サブスクリプションを育てるための3つのフェーズを紹介します。

フェーズごとにビジネスの目標を設定されると思いますが、達成具合の評価指標となるＫＰＩ（重要業績指標）の例も併せてご紹介しています。**フェーズに応じたＫＰＩを設け、目標達成に向けて前進していきましょう。**ＫＰＩとは目標を達成するにあたり、達成する度合いを計測する指標です。

■第1フェーズ：育成期

サブスクリプションの運用をスタートし顧客基盤の獲得に力を注ぐ時期。集客と目標に合わせたチューニングを行う。**チューニングとは、継続率の把握や目標と実績とが乖離《かいり》した部分を調整・検討する作業です。**

この段階で、もし目標に無理があれば目標値を修正、結果を出すだけの行動が足りなければＰＤＣＡサイクルを更に回す。潤沢に利益が出る時期ではないため、顧客獲得コストの算出を最大の目的とするべき。低コストで新規獲得できる方法を模索するのがよい。

ＫＰＩ設定例：継続率、新規獲得数、顧客獲得コスト

■ サブスクリプションの成長ステップ

ステップ	育成期 ➡	充実期 ➡	拡大期
注力ポイント	新規獲得	サービスのブラッシュアップ	レバレッジの活用
	顧客基盤づくり	顧客満足度の把握	
	チューニング		
KPI	継続率	継続率	継続率
	新規獲得数	顧客満足度	レバレッジによる新規契約数
	顧客獲得コスト		レバレッジの効果測定

■第2フェーズ：充実期

顧客基盤が安定してきた頃。さらなる事業の拡大に向け、サービス品質や内容の見直しを行う。顧客の声を聴き、満足度を把握する。

KPI設定例：継続率、顧客満足度

■第3フェーズ：拡大期

さらなる事業拡大をめざす。**レバレッジ（広告などの有料プロモーション）を効かせて効率的に新規獲得を行う。**

この段階からセールスやマーケティングに最大のエネルギーを注ぎ込む。アクセルを思いっきり踏んで良い時。

KPI設定例：継続率、レバレッジによる新規契約数、レバレッジの

効果測定（ランディングページへのアクセス数やキーワード分析など）

第3フェーズで特に重要なのがレバレッジの活用です。事業規模に見合った広告費を投入するかどうかで、ビジネスの成長度が大きく変わります。

2 「必要ムダ」のサポート力

消費者が求める「真のサポート」

継続率を高め解約率を下げるための試みとして、サポート力の重要性を語ってきましたが、実際に顧客が求めるサポートとはどのようなものだと思いますか？

答えは「サブスクリプションを期待通りに使いこなせるかどうか」。サポートは単純接触効果が期待できるものですが、なんでもかんでも情報提供すればよいわけではありません。不必要な情報をしつこく提供しては逆効果となり、顧客離れにつながってしまいます。

「顧客がサブスクリプションを使って何を実現したいのか？」「何に困っているのか？」

といったポイントを押さえたサポートが必要になります。例として継続型課金システム「TAKETIN MP」が行っているサポートをご紹介します。

まず「**人による」チャットサポート**。顧客は「TAKETIN MPを使って日々の契約管理業務を行っています。つまり操作方法がわからないと業務がストップしてしまいますから、困った時にはすぐに解決したいものです。だからこそ、顧客ごとに専任のスタッフを配置し、チャットに連絡が入った場合にはすぐに対応ができる体制を整えています。

専任制にすると、顧客の導入背景や過去のお問い合わせといった一連の流れを踏まえて対応できるため、話がスムーズに進みます。顧客と一体化することで、チームのような安心感を持ってくださる顧客もいます。

チャットというと、最近ではチャットボットを利用している事業者を多く見かけます。ボットとはロボットを略した言葉で、チャットボットとは、人工知能を利用した自動会話プログラムです。人間に代わって問い合わせに対応してくれる、と聞くと、「まさにデジタル化ではないか」「効率的で良い」と思われるかもしれませんが、それはあくまで事業者視点。著者としては、サポートの極端なデジタル化はとても危険だと考えています。

何らかのサービスを検討しているシーンをイメージしてみてください。

そのサービスのウェブサイトをくまなく見回しているのですが、不明な点が多くてあなたは困っています。そんな時に、チャット問い合わせのポップアップが飛び出てきたとします。どんな期待と感情でチャットに質問を入力するでしょうか？

入力した内容に対し、チャットボットは問い合わせ内容のキーワードを拾い、関連性のあるコンテンツ（連絡先やよくある問い合わせ）のリンクを返信。そしてあなたを該当ページへ誘導するでしょう。

今すぐに解決したい問題があるからこそ勇気を振り絞ってチャットを利用したのに、ただ誘導されるだけでは「たらい回し」にされているのと同じ。「ないがしろにされている」印象を与え、結果、ストレスとなってしまいます。

これでは逆効果です。

対して人によるサポートなら個人個人の要望を詳しくヒアリングができるため、スピーディかつきめ細やかな対応が可能です。回答に時間がかかる場合も、「**お調べしますので少々お待ちください**」**のひとことがあれば、質問者は安心するでしょう。**実際に著者がサポート対応を行う場面でも、人が答えるということに安心し、感動してくださる顧客が多いものです。

人によるサポートは「ザ・アナログ的」対応です。デジタルシフトの重要性を唱えてきた中で、矛盾した主張に感じられるかもしれませんね。ですが顧客と直接つながる場所、ことにサポートに関しては丁寧に対応すべき点です。合理化を優先せず、マンパワーを確保してしっかり対応するべき要素。著者はこれを「必要ムダ」と呼んでいます。サブスクリプションの設計では、合理化すべき点と必要なムダがあることをご理解いただければと思います。

解約しやすい顧客層は？ 消費者の不安を見逃すな！

サブスクリプションにおいて、特に解約率が高い顧客層が存在します。それは「新規顧客」、つまり契約後間もない顧客層のこと。これはいかなるモデルのサブスクリプションにもあてはまる事実です。

なぜ新規顧客の解約率が高いのか？　漠然と想像できると思うのですが、**商品・サービスに対する「不安」を感じている段階だからなのです。**

「この商品を選んで正解だったのか？」
「自分にこのサービスを使いこなせるのか？」

消費者にとって、サブスクリプションは一時的な買い物ではなく固定費。だからこそ不安が大きいわけです。**この不安が満足感や納得感に変わった時、固定客へとステップアップします**。継続率を高めるサポートの一つとして新規顧客の心理を汲み取り、適切にフォローすることも重要なのです。

あなたが何か新しいものを購入した時。分厚いマニュアルを最初から最後まで読み込むのは大変ですよね。詳細なマニュアルを一冊用意すれば大丈夫ということではなく、ここにも「必要ムダ」が大切であり、手をかけなければなりません。

たとえば新規導入の際はメールや電話で「この内容はマニュアルの◯ページに載っています」と教えてあげる。たったこれだけでも顧客には嬉しいものです。または他の顧客によるレビュー記事やサプライズギフトを準備しても良いでしょう。アプローチ方法については、第4章で詳しくご紹介します。

かつてマーケティング業界で話題になった「**21日間感動プログラム**」をご存知でしょう

か？　国際的なマーケッター神田昌典氏が提唱したメソッドであり、新規顧客を固定客へと育成するプログラムです。「**新規顧客に対して21日以内に3回接触する**」など具体的なノウハウが紹介されており、これがまさに新規顧客の不安払拭《ふっしょく》に焦点を置いた内容でした。

つまり新規顧客の不安を納得に変えるには、事業者側からのコンタクトが効果的だということ。目新しい内容ではありませんが、サブスクリプションの鉄則として頭に置いていただきたいポイントです。

3 生命線は「契約管理の自動化」

メディアが伝えないサブスクリプションの難しさは現場にある

ご存知の通り、近年は稀にみるサブスクリプションブームともいえる状況です。次々と生み出される新しいサービスをメディアがこぞって取り上げています。活況の中でも早期に撤退しているサービスも多いため、成功法則を分析し、解説しているメディアもあります。たしかにそうだな、と納得する考察がある反面、少し物足りないと感じているのが正直なところです。

メディアが伝えるのはあくまで第三者視点の考察です。サービス内容や消費者の反応など、「表側」を中心に考察していますから、事業者の内情まではつかみきれないのかもしれません。

サブスクリプション事業者であり、顧客として多くのサブスクリプション事業者を持つ著者は、いわばサブスクリプションの最前線に立つ当事者です。現場に身を置く中で、サブスクリプション成功の一番の壁と感じるのは何か。それは**契約管理業務**です。

事業者が契約管理業務をどのように行っているか、表側からうかがい知ることはほぼ不可能です。あなたが何かしらのサブスクリプションを契約する際は、事業者のウェブサイト上でプラン登録→会員情報登録→クレジットカード登録というのが大まかな流れでしょう。あたかもクリック一つでそれぞれの情報登録が完了しているように見えているはずです。また何らかの事情でクレジットカードから引き落としできなかった場合、メールでお知らせが届くのではないでしょうか。

顧客側では当たり前のように使っている仕組みですが、実は中小規模の事業者が用意するのはとても難しいことなのです。とくに契約管理が必要な継続課金の場合、その裏側で膨大な作業が発生している可能性があります。著者が実際に聞いた話では、スタッフが情報を一つひとつ確認して手作業で登録しているというケースがありました。顧客が増えれば増えるほど業務量は増加の一途を辿り、現場は疲弊するばかりです。

実際に契約管理で必要な項目はとても複雑です。項目を図に示しましたので、ぜひご覧になってください。あなたがサブスクリプションを始めて顧客が順調に増えたとしたら、この膨大な作業は誰が引き受けるのでしょう。アルバイトを雇えば人件費が発生しますし、どんなに優秀な人材もヒューマンエラーをゼロにするというのは現実的ではありません。

何より未払いへの対応を怠ると、売り上げにも影響を及ぼします。顧客は増えているのに売り上げが落ちる。そんな「**バケツに穴が開いた状態**」になってしまいます。

第2章でサブスクリプションのサービス設計の5要素として「事務処理能力」を取り上げたのは、まさにこうした現場の疲弊を予防するためのご提案なのです。**現場の疲弊を予防し、本当に必要な業務にリソースを注ぐために、「契約管理業務の合理化」はサブスクリプションの生命線だと断言します。**

■ サブスクリプションビジネスを開始するための手順

【サブスクリプションビジネスを開始するための機能】

◎ 登録フォーム

◎ 商品プランの設定（初回無料、初期日と月額など）

◎ 決済システム連帯

◎ 申し込み、着金時自動返信メール

◎ 着金時のサービス即時提供

◎ 会員制サービスなら員会制サイト

◎ アカウント管理サイト（マイページ）

◎ 定期請求、定期決済

◎ 未払い時（決済失敗）の督促処理、サービス停止処還

◎ カード有効期限切れ時の変更依頼

◎ 顧客の申し出によるキャンセル日時の予約処理

◎ 定期課金日の変更（定期配送等の場合、来月は飛ばすといった時につかいます）

◎ 定期課金額の変更（個別の優遇処置や、アップグレード、ダウングレードなどに利用）

◎ 支払いに利用するカードの変更

【サブスクリプションビジネスを開始するための手順】

◎ 申し込み受け付け

・販売フォームを用意する
・申し込みを受け付ける
・支払いがあったかどうかを確認する
・支払いがあった人に商品を届ける
・支払いがない人に支払いのリマインドを行う
・最終的に支払いがない人の申し込みをキャンセルする

◎ 継続課金

・定期的に課金を発生登録させる
・定期的に決済を行う
・定期カード引き落としをしたことを連絡する
・決済が失敗した人へ請求する
・最終的に支払いされなかった人へのサービス提供を停止
・カードの有効期限が切れそうな人に変更を依頼する

◎ 顧客対応履歴

・問い合わせへの対応
・支払い関係の問い合わせへの対応
・継続的な対応の場合の履歴管理

QRコード決済は不要！　クレジットカード一択で十分

支払い方法はたくさんあればあるほど良いのでは？という声が聞こえてきそうです。実際に、「支払い方法を多く用意した方が売り上げは大きくなる」というのがネット通販の定説となっています。

最近ではPayPayや楽天ペイといったQRコード決済が浸透しています。クレジットカード決済だけでなく、これらの決済サービスの導入も必要なのかと気にしている方も多いのではないでしょうか。

著者の主観ですが**サブスクリプションという性質上、クレジットカード一択で十分だと考えています。**売り切り型の店頭販売や飲食であれば、その場ですぐスマートフォンから決済できるというのは利点になります。**一方でサブスクリプションは継続課金。支払い方法を増やせば増やすほど定期請求と決済、着金消込の事務作業が増えるということになります。**それらのすべてが自動で行われるのであれば問題はないのですが、決済方法によってはシステムと連携しづらいものもあります。口座振替で利用料金を引き落とすといった、昔からある支払い方法は連携させる仕組みがそもそも整っていない場合も。また継続課金という性質上、顧客側が支払いを任意で止めることができてしまうのは問題です。支払い方法を増やす場合は「一度クレジットカードを登録すれば、以後は自動的に支払いを済ませてくれる」という体制が整っているものを選べば問題ないでしょう。

事実、サブスクリプションのお手本企業の代表格として語られるNetflixも、クレジットカード払いが支払い方法のメインとなっています。

継続課金方式の選び方と決済関連サービスの違い

契約管理業務を効率化する第一ステップは「**どんな課金方式を採用するか**」。集金、銀行振り込み、銀行引き落としなど、列挙すれば色々と考えられますが、継続課金に最も現実的で有効なのは「**クレジットカード**」です。サブスクリプション型ビジネスでカード決済を採用していないものは皆無といってよいと思います。

次のステップは「継続決済ができるサービスを探す」。決済関連のサービスはさまざまなものがありますが、その違いをご存知でしょうか？

重要なのが**「決済サービス」と「決済代行サービス」という存在があるということ。**まずはこの2つの分類についてご説明します。

①決済サービス

PayPay、楽天ペイ、Square（スクエア）、Paypal（ペイパル）など決済サービスを提供する事業者のこと。ある1つの決済手段、もしくは消費者と事業者、消費者同士の代金の受け渡しの仕組みを提供しているもの。加盟するには審査基準をクリアする必要がある（後審査のケースもあり）。

②決済代行サービス

さまざまな決済サービスを取りまとめて一括で利用できるようにしてくれるサービス。決済代行会社とも呼ばれる。UPC（ユニヴァ・ペイキャスト）、ゼウス、ペイジェント、GMOペイメントゲートウェイなど。

ひとことでクレジットカードといっても、複数のカード会社が存在します。一社のみに加盟しても、消費者からすると使い勝手が悪い。結果的に複数のカード会社の加盟店となる必要があるわけです。ところがいざ加盟しようとしても、カード会社によって審査基準はそれぞれ。場合によってはクリアできない恐れもあります。

ここで便利なのが②決済事業者サービスです。**決済代行サービスと契約すれば複数のカード会社の決済を一括管理できるほか、カード会社との契約代行を行ってくれます。**早く現金化してくれる事業者もあり、クレジットカード決済の導入がスムーズです。また、その他の決済サービスの利用も一社とのやり取りで行えるといった利点もあります。

ご参考までに継続課金に利用しやすい決済サービスと決済代行サービスをご紹介します。

① Paypal（ペイパル）

★メリット

- 無料ですぐ導入できる
- 決済手数料が比較的低い
- 商品の審査なし

・売上金は最短3営業日に現金化できる

★デメリット

・顧客側の手間（Paypalの支払い画面へ移動する必要がある）

・取引のボリュームが大きくなると、追加審査、場合によっては保留金が設定されることがある。結果、キャッシュフローに影響が出る

・継続課金を顧客側でストップできる（サブスクリプション事業者側には通知メールが届くが、突然支払いがストップするリスクがある）

★向いている事業者

・ビジネス規模が小さい事業者

②UPC（ユニヴァ・ペイキャスト）

・厳しい審査基準で好条件の「国内ライン」と緩やかな審査基準で機動力のある「海

外ライン」が用意されており、課金の幅や選択肢が増える

★メリット

◇国内ライン

・分割払いに対応。事業者側は一括で金額を受け取ることができる。高額商品を分割払いで販売し、一括で売上金を受け取れる

・決済手数料が低い

◇海外ライン

・審査基準が厳しくないため契約しやすい

・販売に着手するまでがスピーディ

・コンテンツ販売も可能（導入時に商材審査があるが、比較的自由度が高い）

★デメリット

・利用には月額利用料がかかる

◇国内ライン
▼カード会社ごとの審査が必要
▼審査基準が厳しい
◇海外ライン
▼手数料が高め
▼分割払いは不可

決済代行サービスは、さまざまな決済手段を取りまとめて一括導入できることがメリット、しかし販売カートや契約管理の仕組みは持っていません。よって、他の販売システムとの連動が前提となっています。

★向いている事業者
・中規模以上のビジネスを展開している事業者
・高額商品を販売する事業者

決済関連サービスの導入だけでは足りないもの

決済関連サービスを決めたらひと安心――するのは時期尚早です。その名の通り、決済関連サービスが行うのは「決済」まで。決済後は顧客へ支払い完了の通知が必要ですし、もしクレジットカードの引き落としができなかった場合は催促、提供しているサービスを停止しなければいけません。**決済関連サービスではこうした「決済後の事務処理」は行ってくれないのです。**

先ほど契約管理業務に必要な項目を図で示しましたが、決済関連サービスの利用で自動化できるのは一部の項目のみ。契約管理すべてを自動化するわけではないということがおわかりになると思います。

いよいよ契約管理業務のお話も最終の詰めに入ります。契約管理業務を完全に自動化する方法とはどんなものがあるのでしょうか。

好調な事業者ほど失敗する！　適切な契約管理の自動化とは？

仕事柄、さまざまな事業者のビジネスをお手伝いしてきた中で気づいたことがあります。それはスモールな事業者が中・大規模な事業者へとステップアップしていくにあたり、誰しも同じような道筋を通って成長し、つまずく箇所も同じであるということです。

ここで事業者がステップアップする際に辿りがちな、契約管理業務の変遷を見てみましょう。

①プラットフォームを利用する

ビジネスを始めて最初に利用するのが、ＡＳＰ（アプリケーションサービスプロバイダ）と呼ばれるプラットフォームが提供する仕組みです。**集客や販売に関わるシステムがすでに用意されており、集客、販売、代金の受領まで一連の業務を任せることができます。**集客を含むサービスであるため、商品・サービスに魅力があれば即座に売れる可能性がある反面、手数料が高い。多くの事業者がまずはこのプラットフォームで販売を進めるのですが、次第に窮屈に感じるようになります。というのは、プラットフォーム都合のルール変更や制約があり、自由なマーケティングが行えないからです。自分自身で集客が行えるようになると、次第にプラットフォームの利用にメリットが感じられなくなっていきます。

プラットフォームの例：（物販向け）楽天、Amazon、（オンラインサロン向け）DMMオンラインサロン、（セミナー向け）セミナーズ、Peatix、（コンテンツ販売向け）infotop、infocartなど。

②自社で販売の仕組みを用意する（決済サービスの導入など）

集客を人に頼る必要がなくなった事業者は、プラットフォームの利用を避けるようになります。すると自由にセールスやマーケティング活動をするために、販売の仕組みを自社で用意したくなるのです。そこで無料のカートシステムなどを使って対応します。

そしてさらにビジネスが成長していくと、契約管理の複雑な仕組みや時代に合ったシステム改修、メンテナンスといった問題に直面することに……。専門家がいなければ社内だけで対応するのは非常に困難です。誰に頼めばよいのかわからず不安を感じた結果、専門的なシステムの導入を検討し始めます。

③自動化システムの導入

ここにきて、自分のビジネスに合う専用システムの導入が効率的で賢い選択だと気づき始めます。請求業務や会員情報の管理等の契約管理を自動化してくれるサービスはないか？　ここで選択肢に挙がるのが、**業務に必要な機能が揃っていて、常にアップデートを行ってくれるＳａａＳ型（クラウド）のシステムです。**

ＳａａＳ型システムはサブスクリプションの定額制で利用します。ＳａａＳ型システムを上手く活用できるのは、主に充実期や拡大期にあたる事業者。顧客基盤があり、自分たちで集客が行える。また管理業務の重要さを理解しているような事業者に適しています。

ＳａａＳ型システムの例：（オンラインサービス向け）TAKETIN MP、（物販向け）たまごリピート

④自前で契約管理システムを開発する

最後に、ＳａａＳ型システムの機能をもってしても業務がカバーできなくなることがあります。ここまでくると自社の業務フローにカスタマイズされた独自システムを開発する必要性が出てきます。資本力があり、収益率を高めたい事業者が選ぶ選択肢ですが、デメ

リットもあります。開発会社の選定や開発費用、開発者とのコミュニケーションなど、開発にかかるコストが大きいため、甚大なストレスがかかるのです。

こうして並べると、あたかも「④が最終的な着地点」のように見えるかもしれませんが、それは大きなワナです。というのも、実際にTAKETIN MPの導入契機として多いのが**「自社開発に失敗した」「開発にこだわりすぎて多大なコストがかかってしまった」という声。事業者としては、すべて自前で対応できれば利益率も上がると考えがちなのですが、その実、非効率で挫折を招く選択肢となることがあります。**自社開発では一度つくってしまえば、コスト面で有利ということは一切なく、リスクも大きいのです。検討されるのであれば、自社開発でなければどうしても困る場合にのみ、とどめるべきです。

その点、③のようなSaaS型のサービスは導入もスムーズです。サポートも受けられますし、合理化におすすめです。サブスクリプションの種類にあったサービスを選択されることをおすすめします。

サブスクリプションを始めたばかりの事業者は、契約管理も集客面もカバーしてくれるプラットフォームを利用するのは一つの手だと思います。

4 サブスクリプションのアイデアとテクニック

サブスクリプションアイデア8つの種

消費者からのニーズが高まり、サブスクリプションの民主化ともいえる広がりを見せている今。実に多種多様なサブスクリプションが登場し、進化を続けています。この節では、世の中に存在するサブスクリプションを詳細に分析し分類化。また、既存ビジネスをサブスクリプション化のヒントとして応用テクニックなどをご紹介します。

まずご紹介するのは「サブスクリプション8つの種」。消費者へもたらすメリットを軸として、サブスクリプションの種類を8つに分類しました。図（134～136ページ）と合わせてご覧ください。

①ロイヤリティ

消費者の所属欲求を満たし、利用者限定の特典を与えるもの。**オンラインサロン、ファンクラブのような「コミュニティ型」**と、**協会・資格ビジネス、Amazonプライム会員などの「メンバーシップ型」**がある。

②場の提供

共通の趣味嗜好、属性を持った消費者同士をマッチングしてくれるもの。代表的なサービスは**オンラインゲームやビジネスパートナーのマッチングサイトなど。食べログやホットペッパービューティといった月額制の広告掲載ビジネスもこの部類に含む。**

③インフラ

生活やビジネスの基盤となるもの。インターネット回線や電話などの通信サービスや電気、ガス、水道など。

④ 分担

利用者が費用を負担し合い、高額なものや施設、サービスを利用するもの。**会員制スポーツジムやカーシェアなどの「シェア型」と、保険や保証制度といった「相互扶助型」がある。**

⑤ 教育

消費者に学びやスキルアップ、**自己啓発の機会を与えるもの。オンラインスクールやeラーニング、家庭教師などがある。**

⑥ 分割

高額な商品やサービスの料金を一定期間で分割し、提供するもの。リースビジネスに類似しているが、期間終了後に商品が顧客に譲渡されるなど、サブスクリプション向けに進化したものも存在している。**自動車や絵画、時計の貸し出しサービスや定額脱毛などが該当する。**

⑦利用

利用した時にだけ料金が発生するもの。物品の定額レンタルやＳａａＳ型のサービスが該当する。**ネットフリックスのような動画配信サービス、アドビの「Adobe Creative Cloud」、マイクロソフトの「Microsoft 365」**など。

⑧代行

消費者の代わりに「作業を代行する」、あるいは消費者に合った「商品やサービスの選定を代行する」もの。前者は税理士による記帳代行や企業向けのバックオフィス代行サービスなど。後者の代表例は定期配送サービス。**食材の宅配やウォーターサーバー、花束の定期便など。**

ひとことでサブスクリプションといっても、消費者に与えるメリットは多彩です。こうして俯瞰してみると、あなたの既存ビジネスをサブスク化する具体的なイメージができあがるのではないでしょうか？

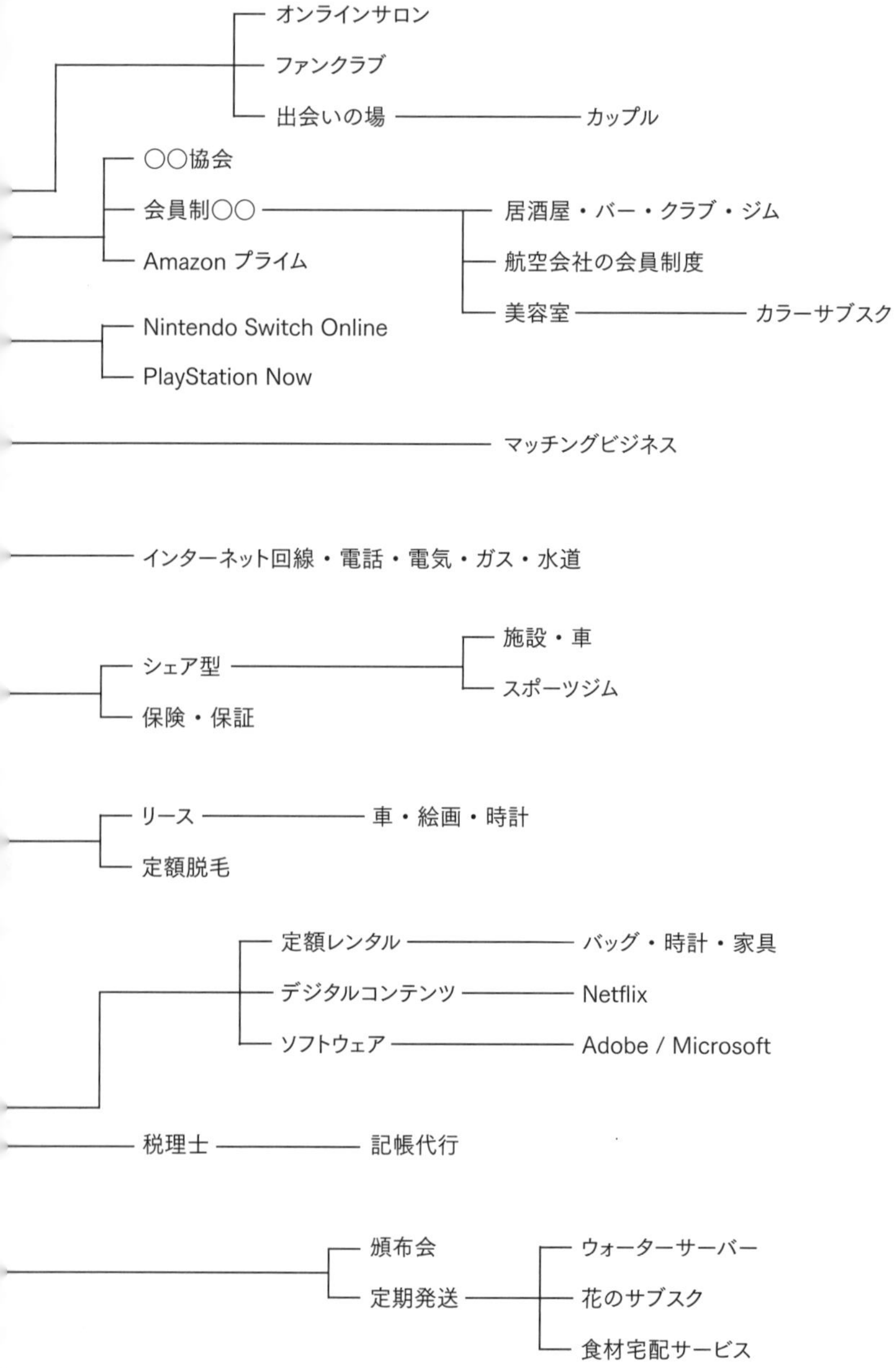

オンラインサロン
ファンクラブ
出会いの場
カップル
○○協会
会員制○○
居酒屋・バー・クラブ・ジム
航空会社の会員制度
美容室
カラーサブスク
Amazon プライム
Nintendo Switch Online
PlayStation Now
マッチングビジネス
インターネット回線・電話・電気・ガス・水道
施設・車
シェア型
スポーツジム
保険・保証
リース
車・絵画・時計
定額脱毛
定額レンタル
バッグ・時計・家具
デジタルコンテンツ
Netflix
ソフトウェア
Adobe / Microsoft
税理士
記帳代行
頒布会
ウォーターサーバー
定期発送
花のサブスク
食材宅配サービス

■ サブスクリプションの８つのアイデア

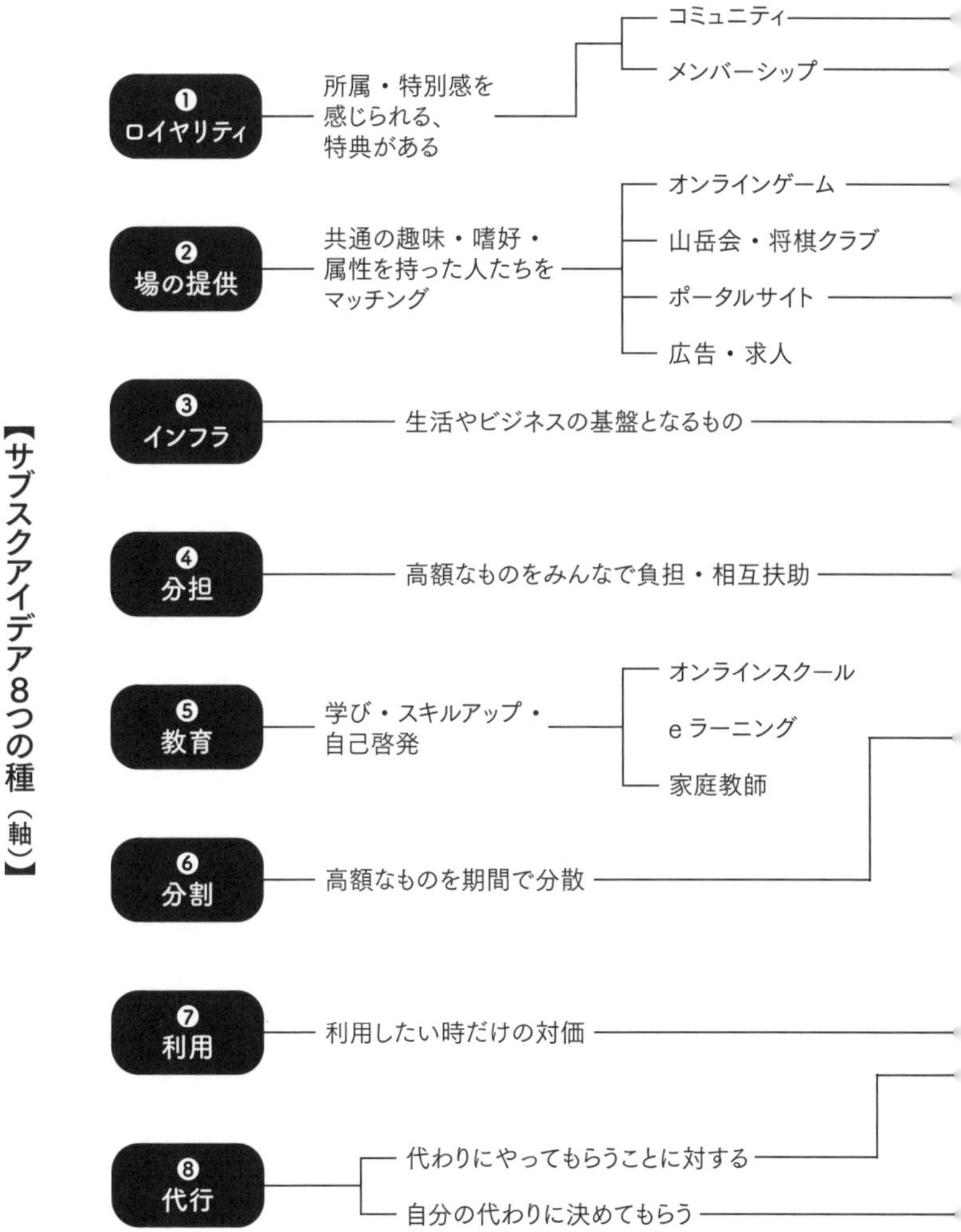

■ サブスクリプション分類マトリクス

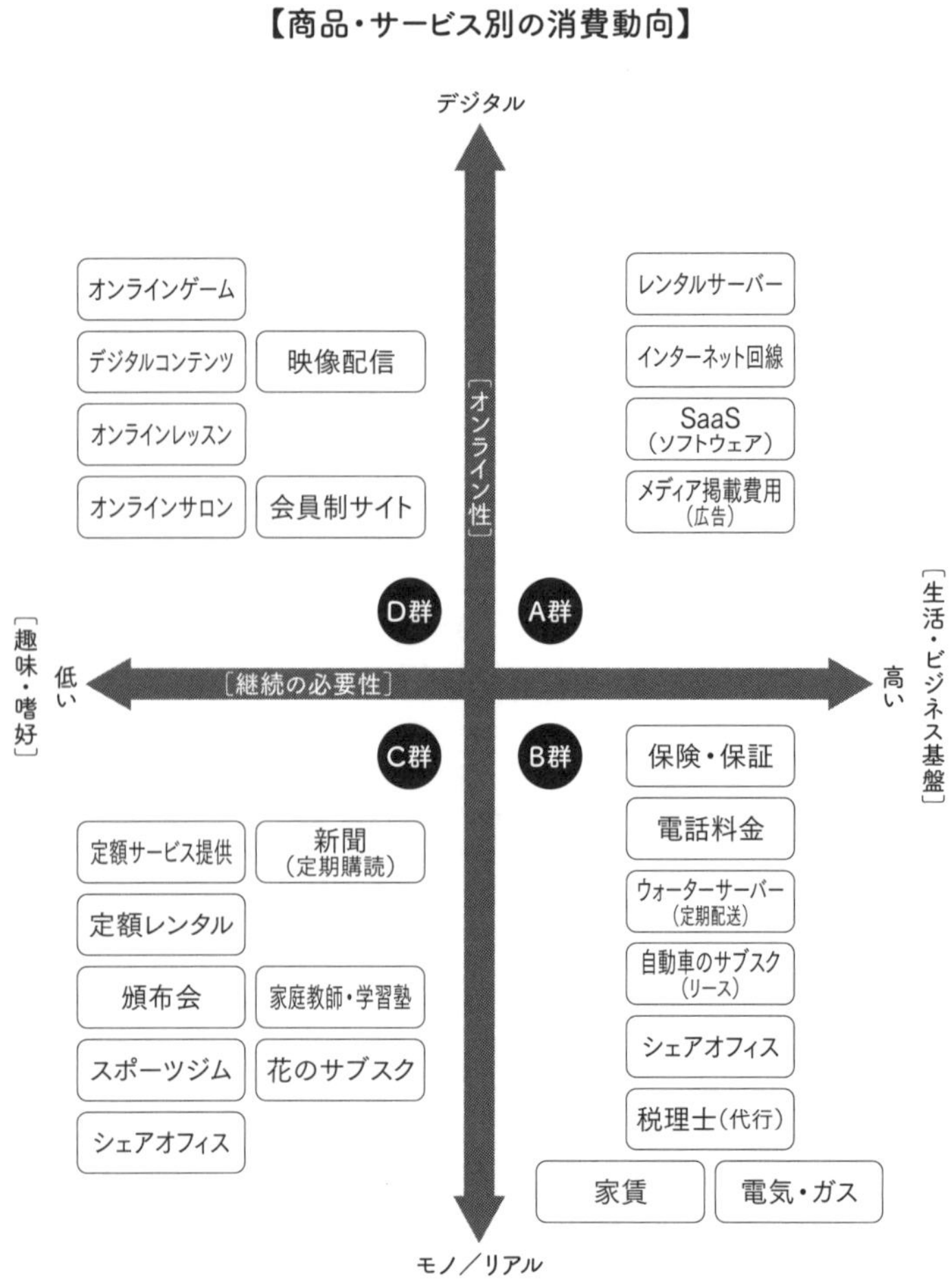

A 群：生活・ビジネス基盤 オンライン型
B 群：生活・ビジネス基盤 オフライン型
C 群：趣味・嗜好 オフライン型
D 群：趣味・嗜好 オンライン型

さらに主なサブスクリプションを「**オンライン性と継続の必要性**」で分類したものが、**サブスクリプション分類マトリクス**です。縦軸は上部にいくほど「オンライン上で成立する可能性が高い」、反対に下部にいくほど、モノやリアルな場を利用するサブスクリプションであることがわかります。横軸は右にいくほど「消費者の生活やビジネスにおける継続の必要性、習慣性が高い」、左にいくほど継続の必要性や習慣性が低いことを表しています。

それぞれのサブスクリプションの優劣を表しているわけではありません。ただし、デジタルシフトがもたらす大きな可能性やサブスクリプションの性質を鑑みると、**右上のA群に近いサブスクリプションほど、成功しやすいともいえるでしょう。**

サブスク化のトリプル理論

どんな商品やサービスもサブスク化の可能性を秘めている。とはいえ、群雄割拠のサブスクリプション業界で生き残るには、競合他社との差別化を図るひらめきとアイデアが必要です。唯一無二のサブスクリプションをつくる3つの理論をご提案します。

①スイッチ理論

ビジネスの軸を転化し、新しい切り口のサービスをつくりだす。既存ビジネスをサブスク化するためのアイデア出しに効果的。

◎美容院の場合

▼ヘアセットやメイクを「オンライン&教育」へスイッチ→TPOに応じたヘアセットやメイク方法を教える動画配信サービスへ。

▼カットやカラーのサービスを「ロイヤリティ」にスイッチ→優待料金で利用できる会員制サービスへ。

◎教育事業者の場合

▼月謝制の習字教室を「オンライン&教育」へスイッチ→ボールペン字講座をデジタルコンテンツ化。

◎**タレント事務所の場合**

▼タレントを「オンライン」へスイッチ→YouTuberタレントとして、権利収入が発生するスタイルへ変更。

②深掘り理論

既存の軸を強化し、付加価値をつける。

◎**スポーツジムの場合**

▼高級マシンの導入やトレーニングルームのレンタル等で、サービスの質を強化する。

③組み合わせ理論

深掘り理論の応用編。既存サービスの深掘りと他の軸との組み合わせで新たなビジネスモデルをつくる。

◎ スポーツジムの場合

▼サービス強化（高級マシン導入等のサービス充実）×「ロイヤリティ」を組み合わせる↓

会員制度を階層化（ロイヤリティ）。会員は階層ごとに異なる特典を設けて特別感を演出。所属欲求を満たすサブスクリプションへと進化させる。

「これをサブスク化するのは難しいだろう」「オンラインでは無理だろう」というビジネスも、ぜひこの3つの理論を使ってアイデアを出してみてください。**既存ビジネスをそのままサブスク化するだけでは同業他社との差別化が図れず、競争が激しくなる可能性もあります。既存ビジネスの良さを活かしつつ、サブスクリプションと相性の良いビジネスモデルをつくりだす。**そんな事業者にこそ道は開かれるはずです。

■サブスク化のトリプル理論

【① スイッチ理論】

売り切り型のビジネスモデルが、別の切り口へ移動してサブスク化するのに有効

► オンラインスイッチの例

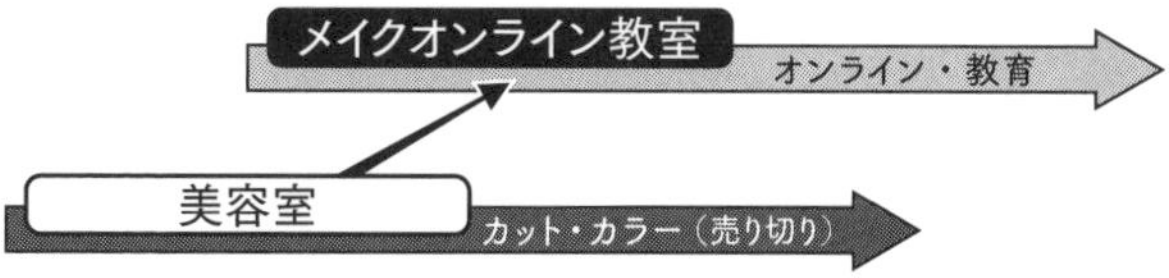

► ロイヤリティスイッチの例

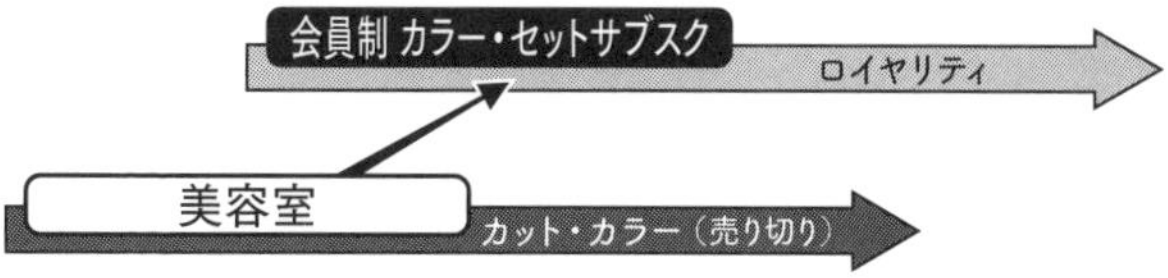

► 教育の例

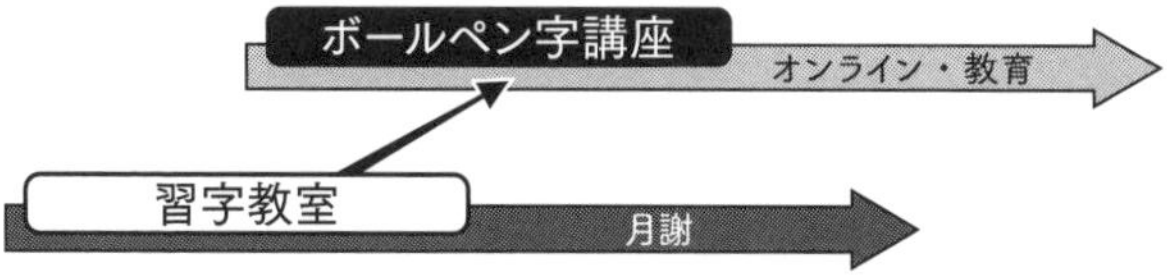

► タレントの例　　★権利収入的な収益モデルに切り替え

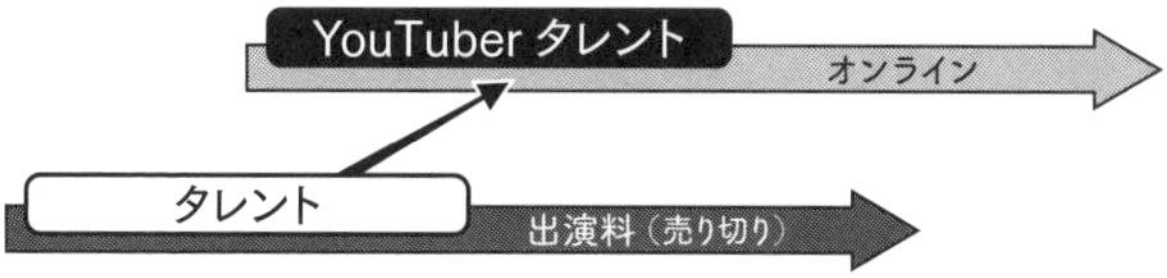

【② 深堀り理論】

既存の軸をさらに強化する

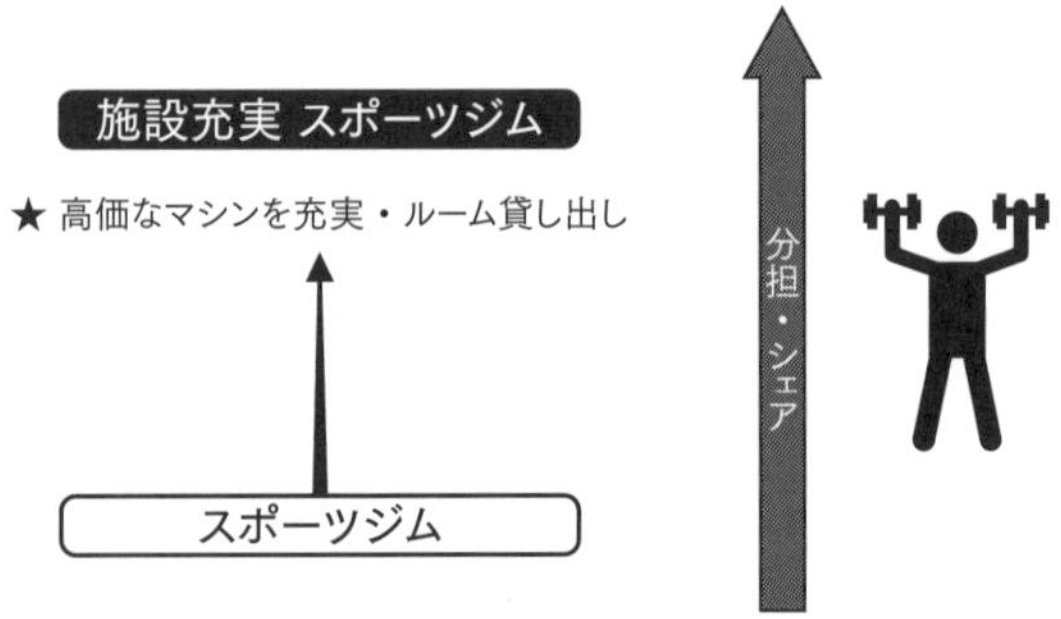

【③ 組み合わせ理論】

既存のサブスクを強化するのに有効

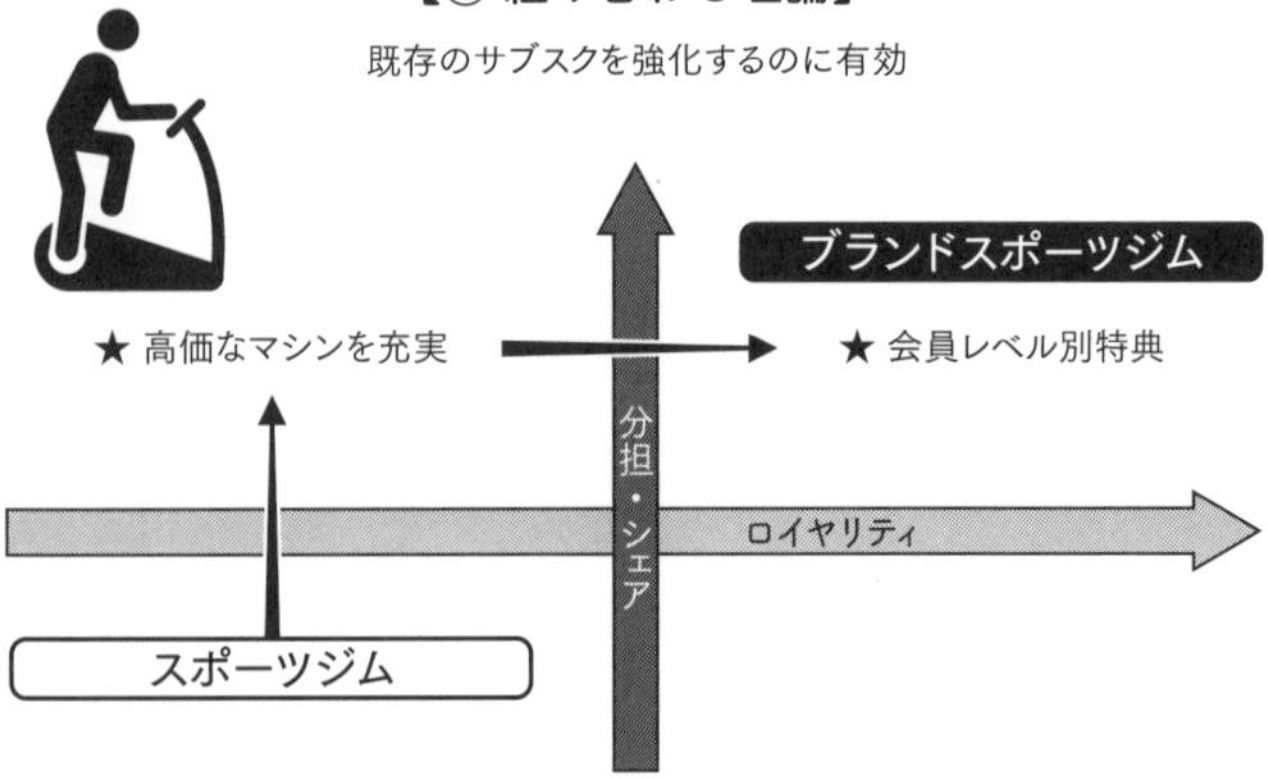

集客手段としてのサブスクリプション

ここからはサブスクリプション応用編ともいえるお話です。サブスクリプションを展開する事業者の中には、**サブスクリプションを収益の柱ではなく「集客手段」として活用している例もあります。**

ゴルフクラブを販売するある事業者では、スポンサー契約を結んだプロゴルファーのオンラインサロンを展開しています。月額980円でサロンに参加できるほか、優待料金でプライベートレッスンが受けられるという特典付きのサブスクリプション。会員はプロゴルファーのファンやゴルフの上達をめざす人、つまり「ゴルフ好き」が集まるコミュニティとなります。ですが月額980円という価格設定で収益の柱とするには心もとない気がしませんか？　そう、このサブスクリプションの目的はあくまで「集客」。最終的には自社のゴルフクラブを購入する見込み客が増えることを期待しているのです。

オンラインサロンであれば、ロングテール市場の中からコアなファンを獲得できます。

そしてファンであれば、ゴルファーと同じブランドの製品を使いたいという人もいるはず。

プロゴルファーとのコミュニケーションを通して、ゴルフクラブのブランディングも醸成し購入へつなげる。二次的な収益を狙ったサブスクリプションの好例です。

回数制限型のサブスクリプションも有効

サブスクリプションには「永続的に続くサービスであるべき」というイメージがあるかもしれませんが、そんなことはありません。たとえば通信教育でよく見かける資格講座。**受講期間や回数があらかじめ決まっていて分割払いができる、回数制限型のサブスクリプションだといえます。**

学生から社会人まで根強い人気がある資格講座。国家資格や就職に必要な資格だけでなく、最近では民間事業者がつくったオリジナル資格も多いようです。オリジナル資格の場合は、受講完了を条件に資格が付与されるものもあります。何かしら残るもの（資格）があり、かつ受講期間が決まっている。この回数制限型のサブスクリプションは支払い総額がはっきりしており、消費者は変動費（その一瞬だけの痛みなら我慢できる）と捉えるようです。**無制限のサブスクリプションよりも契約のハードルが下がり、販売しやすいモデルです。**

回数制限のあるサブスクリプションは、事業者にもメリットがあります。通常、最低利用期間という縛りは消費者にネガティブなイメージがありますが、回数制限型は変動費と捉えられるため、ポジティブなイメージに変わります。また契約期間や回数の縛りを設けるということは、受講完了までの支払い総額が基本的なＬＴＶ（顧客生涯価値）になるということ。最初からＬＴＶがわかった状態で事業を開始できるわけです（ちなみに回数制限のないサブスクリプションで精度の高いＬＴＶを出すには、事業開始から1年ほど様子を見たいところです）。

ＬＴＶが把握できると適切な広告予算もわかりますので、早い段階からレバレッジを効かせた集客に着手できます。顧客が長期間にわたり課金してくれることはありませんが、契約に対するハードルを下げるサブスクリプションとして、おすすめのタイプです。

商材やサービスが無くても始められるサブスクリプション

ここまでは既存ビジネスをサブスク化することを前提にお話ししてきましたが、商品やサービスを持っていない方でも始められるサブスクリプションも存在します。**「商品開発をせずにサブスクリプションを始めたい」「キャッシュポイントを増やしたい」、個人の方**

であればパラレルキャリア（**複数の仕事を持つ働き方**）**や副業といった観点でキャッシュポイントを増やしたい方におすすめの方法です。**

アフィリエイトビジネスをご存知でしょうか？　アフィリエイトとは「提携」を意味し、販売元の事業者に代わって商品やサービスを販売するビジネスモデルです。代理販売する事業者をアフィリエイターと呼び、自分たちの個人ブログやSNSアカウントなどを使って販売しているケースが目立ちます。販売というよりも紹介するイメージでしょうか。

アフィリエイターは自分で商品開発をしない代わりに、「集客力を提供」することで報酬を得ています。どのように報酬が発生するかというと「1回の成約に対して1度だけ支払われる」というのが一般的。というのは、販売元の多くがフロー型ビジネスの事業者だというのが主な理由です。

ではストック型ビジネス、もといサブスクリプションを展開する販売元と提携できたら……。報酬は半永久的に支払われます。つまり商品もサービスも持たずに代理店としてサブスクリプションを始めることができるのです。ちなみに**半永久的に報酬が支払われる代理店ビジネスを**「**ライフタイムコミュニッション**」**と呼びます。**

現状ではライフタイムコミッションの事例は限定的ですが、チャンスが広がる可能性は十分にあります。というのも、世の中にサブスクリプションが増えれば、代理店を増やそうとするサブスクリプション事業者が必然的に出てくるはずだからです。ライフタイムコミッションに興味がある方は、ぜひ動向をチェックしてみてください。

比較的始めやすいライフタイムコミッションとしては「**レンタルサーバー**」が挙げられます。顧客は毎月、定額料金をレンタルサーバー事業者に支払いますが、紹介した代理店側にも毎月一定の報酬が支払われ続けるというシステムです。レンタルサーバーは継続の必要性が高く、なおかつデジタルなサービスであり、**サブスクリプションと相性抜群。代理店としても続けやすいビジネスでしょう。**

このように、サブスクリプションは商品やサービスを持たずとも始められますが「集客力」は不可欠な要素です。既存ビジネスで培ったコネクションや個人ブログ、ＳＮＳなど集客手段はさまざま。サブスクリプションの内容に合った集客方法の確立が収益化のカギとなります。

第4章

サブスクリプション成功のフレームワーク

A Framework for
Success in
the Subscription Business

1 人はどうして解約を選ぶのか

ストレスと満足度の関係

ここまで繰り返しお伝えしてきましたが、サブスクリプションはすでに消費者の生活の一部として溶け込んだ存在だといえます。

さらに大手企業だけでなく、中小企業、個人も事業者として参入できる、大きな夢のあるビジネスモデルでもあります。

その反面、**サブスクリプションには特有の成功法則が存在します。**フロー型ビジネスでは良いとされていたことが、サブスクリプションではタブーということもあり得るので

■解約の原理

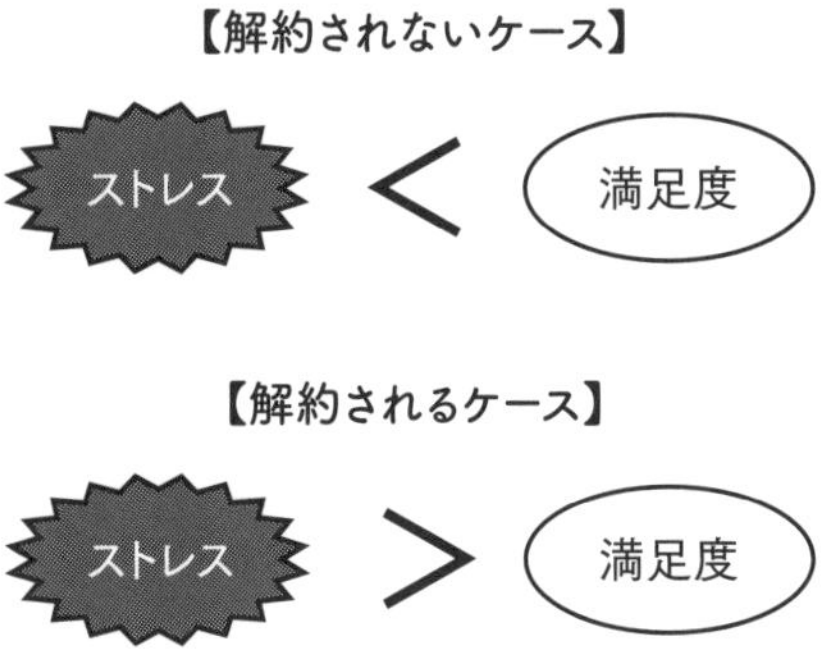

す。第4章では今までのお話の復習を交えつつ、サブスクリプションの成功法則をフレームワークとして落とし込んでいきましょう。

サブスクリプションでは継続率が重要なカギを握っているわけですが、そもそも顧客はどのタイミングで解約を決めるのでしょうか？

この解約の原理はシンプルにひとことで表すことができます。それは「**お金を払うストレスが商品・サービスから得られる満足度を上回るかどうか**」**というもの。**

まず押さえておかなければならないのは、消費者にとってサブスクリプションは「**固定費**」だということ。多少高額なものでも一回限りの支払いで済むものと、低額でも毎月毎月支払いが発生するものとでは、購入されやすいものはどちらでしょうか？　答えは前者。支払いは人にとってストレスを与えるものです。このストレスが一度で終わると考えると、心理的なハードルがグッと下がります。衝動買いというのは良い例でしょう。反対に支払いがストレスだと考えると、毎月支払いの発生するサブスクリプションは大変ストレスフルな買い物です。

サブスクリプションの多くは月額制ですので、顧客にとっては支払いのストレスが毎月発生することになります。つまり**顧客が感じる「ストレスに見合う価値」を「毎月」提供できていれば、解約に至らないということになります**。この事実を発想の骨格としてサービスを考えていけば、解約されにくいサービスが完成するはずです。

事業者の体力を奪うのは「お金と企画のコスト」

とはいえ言葉にするのは簡単ですが、解約されにくいサービスをつくることはサブスクリプションならではの難しさでもあります。サービス内容によっては、時に商品やサービスが事業者の体力を奪うという事態も起こるからです。では、事業者の体力を奪うサービスとはどういうものでしょうか？

一つは資金力を必要とするサービス。

たとえば自動車のサブスクリプションは中小企業が簡単に参入できるものではありません。自動車のメンテナンスや保険費用等を考えると、相応の資金力が必要になるからです。資金力に関しては注意が向きやすいポイントなのでこれ以上詳しくご説明する必要はないと思いますが、より注意が必要なものがあります。

それは**「毎月、何か新しいサプライズが届く」、つまり、企画力で顧客を満足させるサービスです。**前者よりも資金面の調整がつきやすく事業者が手をつけがちなのですが、実はとても難易度が高いサービスだといえます。テレビ番組を例にとるとわかりやすいのですが、人気番組が必ずしも長寿番組になるとは限りませんよね？

「最初はおもしろかったのに、つまらなくなった」「いつの間にか番組内容が変わっている」そう感じる番組はありませんか？　こうした番組はおそらく、新しいネタ探しに苦戦しているケースです。珍しいネタを発掘するような番組は視聴者の満足度を維持するのが難しく、制作側の負担も大きいはずです。

企画力を必要とするサブスクリプションとしては、毎月違う食品を届ける頒布会型や、

洋服を顧客の代わりにコーディネートしてあげるようなクリエイティブな代行型、といったものがあります。開始当初は順調でも後に事業者の負担が大きくなり、早々にやめてしまうというケースがあります。

もちろん企画力を活かしたサブスクリプションにもメリットはあります。凝ったサービスは消費者の人気を集めるかもしれませんし、独自性があれば参入障壁も高くなります。成功すれば市場を独占できるチャンスもあるでしょう。肝心なのは、**事業者自身が息切れしない程度のサービスを考えるということなのです。**

ここで視点を変えてみましょう。毎月提供するものはまったく同じ。企画力ゼロで顧客の満足度が維持できるサブスクリプションができたらどうでしょうか?

実は常に同じものを提供し続け、成功しているサブスクリプションは世の中にたくさん存在しているのです。少し具体的にいうと、生活やビジネスの「基盤」となるサービスは、常に同じものを提供し続けることが価値になります。後で詳しくご紹介しますが、ここに一例を挙げてみましょう。

・電気・水道・インターネット回線などのインフラ設備

・毎月商品が届く定期配送
・SaaS（ソフトウェア・アプリケーション）の提供
・コミュニティへの参加権利を得るサービス
・資格保持を目的とした会費ビジネス
・交流や情報交換の「場」を提供するサービス

ざっと挙げただけでもさまざまな種類があります。
サービスにこうした**生活やビジネスの「基盤」となる要素を盛り込めば、息切れしない非常に強いサブスクリプションになるでしょう。**

顧客満足度を維持する黄金ルール

このように、サブスクリプションの成功には王道ともいえるパターンが存在しています。骨格にあるのは「**同じものを提供し続ける×顧客満足度を維持する**」という方程式。先にお伝えした、顧客の生活やビジネスの「基盤」となるサービスを検討する。完全に同じものを提供するサービスが難しければ、できる限り企画コストがかからない形の商品・サービス設計を心掛けること。そして常に顧客満足度を維持するサービス設計に努めること。

この方程式にあなたのビジネスで肉付けをすれば、あなたオリジナルの成功パターンが生み出せるはずです。

2 サブスクリプションの落とし穴

新規が増えても儲からない「穴の開いたバケツ」

支払いのストレスVS.顧客満足度の闘いを余儀なくされるサブスクリプション。そして収益を上げるためのゴールは、「成約」ではなく「継続」ですが、新規顧客は継続の意思を固めるまでに一定期間を要します。毎月「これを続けて良いのか?」と迷いながら更新日を迎えるわけです。著者が顧客としてサブスクリプションを契約した際も、カレンダーに更新日を登録するほど慎重になります。

■ 穴の開いたバケツ

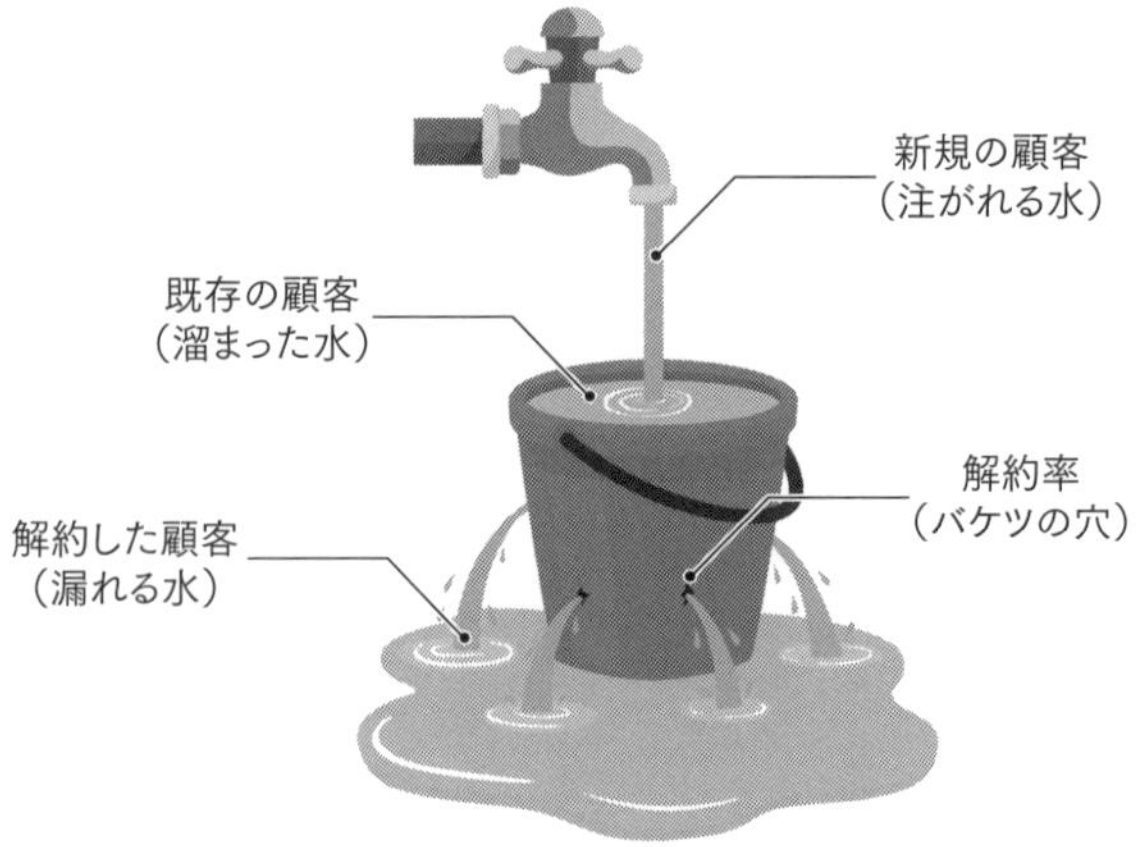

これが売り切り型の商品であれば、よほどの瑕疵《かし》がなければ返品されることはほとんどありません。新規顧客が増えれば増えるほど収益も増えますが、サブスクリプションの世界ではそうはいきません。つまり**売り切り型と同じ考え方でサブスクリプションを展開すると、間違いなく失敗してしまうのです。**

第2章で新規顧客に関する「1：5の法則」というものをご紹介しました（↓58ページ参照）。「新規顧客の獲得コストは、既存顧客の維持コストの5倍かかる」というものです。新規顧客を獲得するためのコストとしては広告費、営業費の他、マーケティングにかかる費用全般があります。またガスやインターネット回線のように工事が必要なものであれば、さらに設備にかかる費用や人件費を考慮しなければなりません。

このように多くの費用をかけてせっかく獲得した新規顧客が短期間で解約してしまう。つまり**解約率が高い（継続率が低い）というのはサブスクリプションには致命的な問題です。**たとえ新規顧客を増やし続けたとしても、収益は増えないまま。まるで穴の開いたバケツに水を注ぎ続けているようなものです。バケツの穴（解約率）を小さくしない限り、バケツに貯まった水（既存顧客）は漏れ続けるばかり。いつまでたってもバケツいっぱいに水を溜められないわけです。

グラフで体感する解約率のインパクト

「解約率5％」と「解約率10％」と聞いた時、収益にどのくらいの差が生まれるか、想像できるでしょうか？

ここに解約率の異なる例を用いて、サブスクリプションのシミュレーションをグラフ化しました。月額料金も新規顧客の増加数も同じ条件下で、解約率がそれぞれ5％、10％、20％のケースを比較しています。横軸は時間の経過、右端は60カ月後の結果です。ちなみに解約率とは「当月の解約顧客数÷当月初めの顧客数」で算出します。

結果は一目瞭然。売上高（図①）に関しては1年を待たずに差が開き始めます。解約率が低いものほど、売上高の上昇が著しくなることがおわかりいただけるでしょう。最終的に60か月後を見ると、解約率5％の例はうなぎ上りに300万円付近に達しているのに対して、解約率10％は上昇がほぼ止まり、200万円に到達せずにストップ。解約率20％の例に関しては30カ月ごろから横ばいに転じ、100万円にも届かない着地です。

会員数（図②）に関しても同じような結果が出ています。グラフに細かい数値は出していませんが、解約率5％と解約率20％の会員数は実に3・8倍もの差がつきました。

解約率が高い状態を放置していると「いくら新規顧客を増やしても意味がない」という事態になりかねません。解約率が収益に多大な影響を及ぼすことを実感いただけたのではないでしょうか？

このあと継続率というワードが多く登場しますが、継続率は解約率と相反関係のワードです。継続率が85％なら、解約率は100％から85％を引いた「15％」、継続率が90％なら、解約率は100％から90％を引いた「10％」となります。解約率が低ければ継続率が高いことを意味します。

■ サブスクリプションと解約率との関係

【① 解約率と売上高の関係】

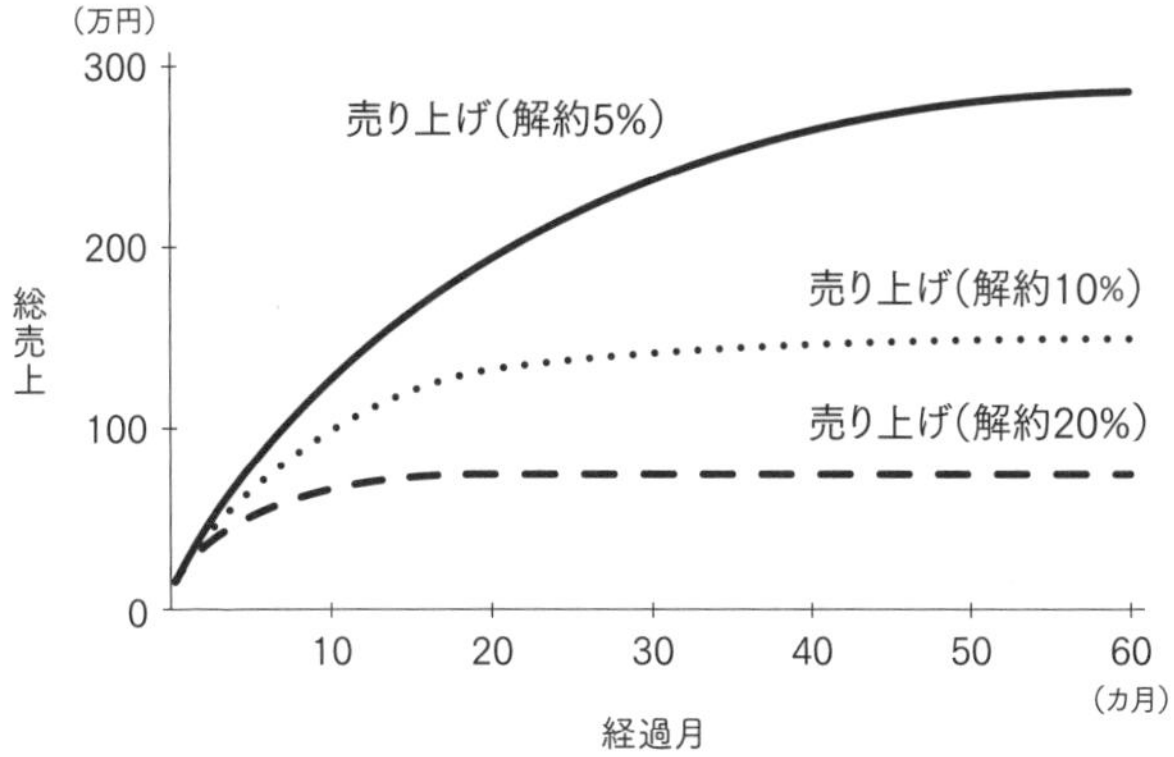

▶ 月額料金10,000円で毎月15人ずつ新規契約が増えるものとする。

【② 解約率と会員数の関係】

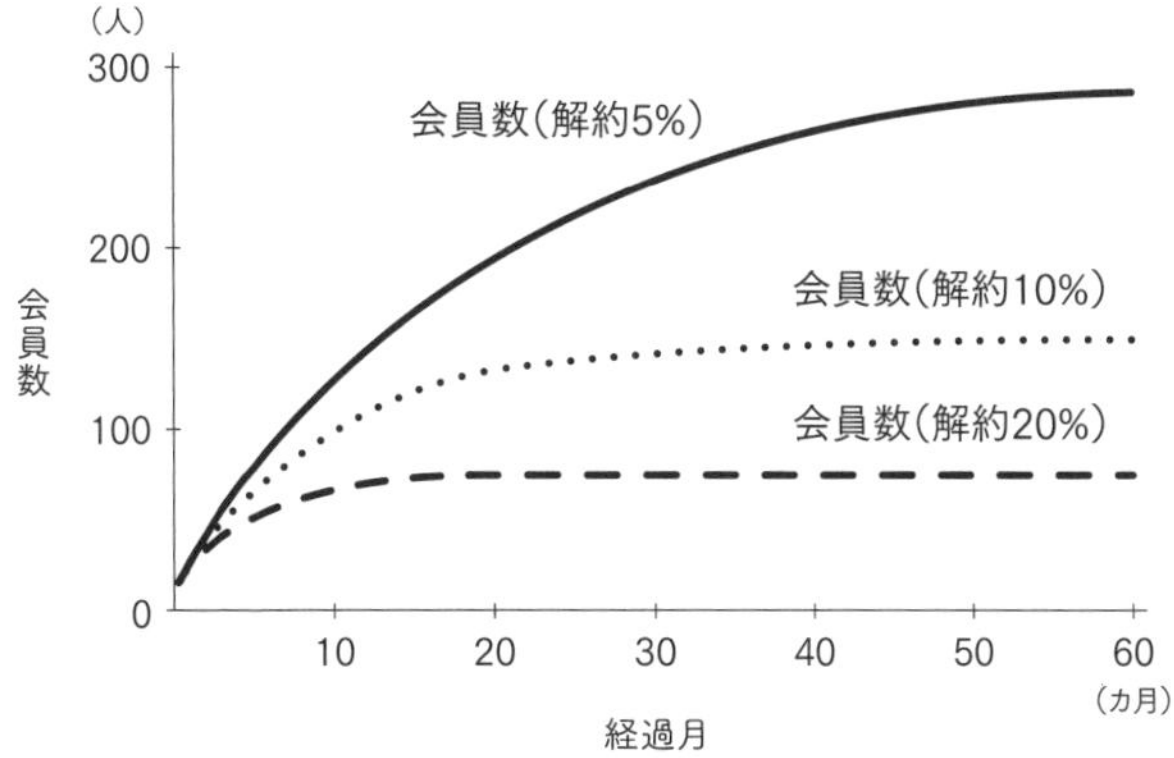

▶ 毎月15人ずつ新規契約が増えるものとする。

■ 業種別の解約率（チャーンレート）目安

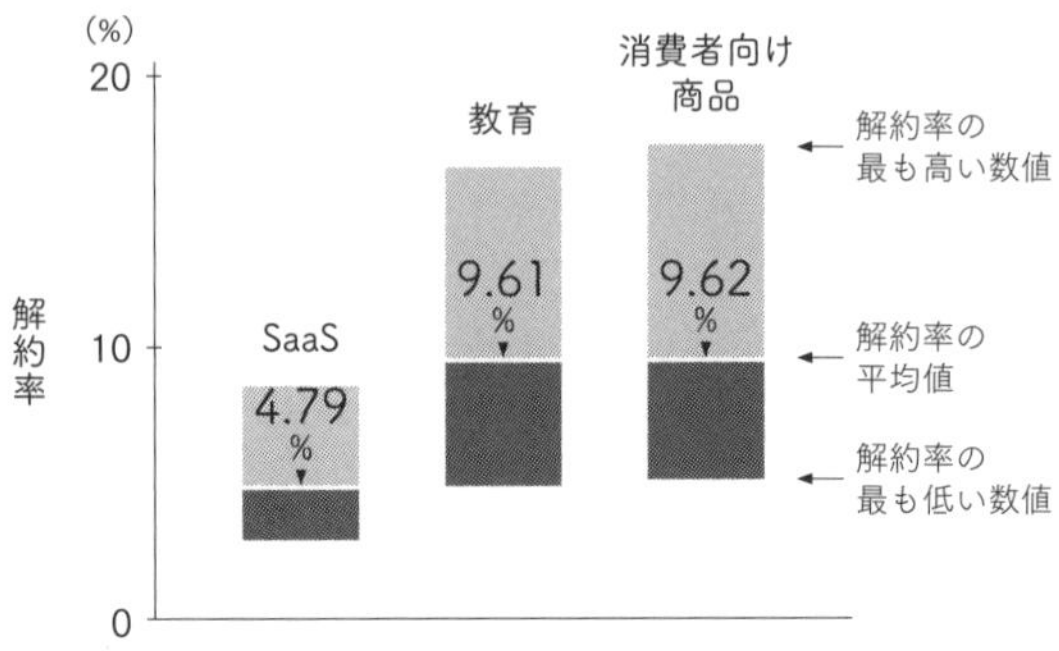

※ 出典：Recurly Research（https://recurly.com/research/churn-rate-benchmarks/）

■ 数字でみる解約率と会員数の関係

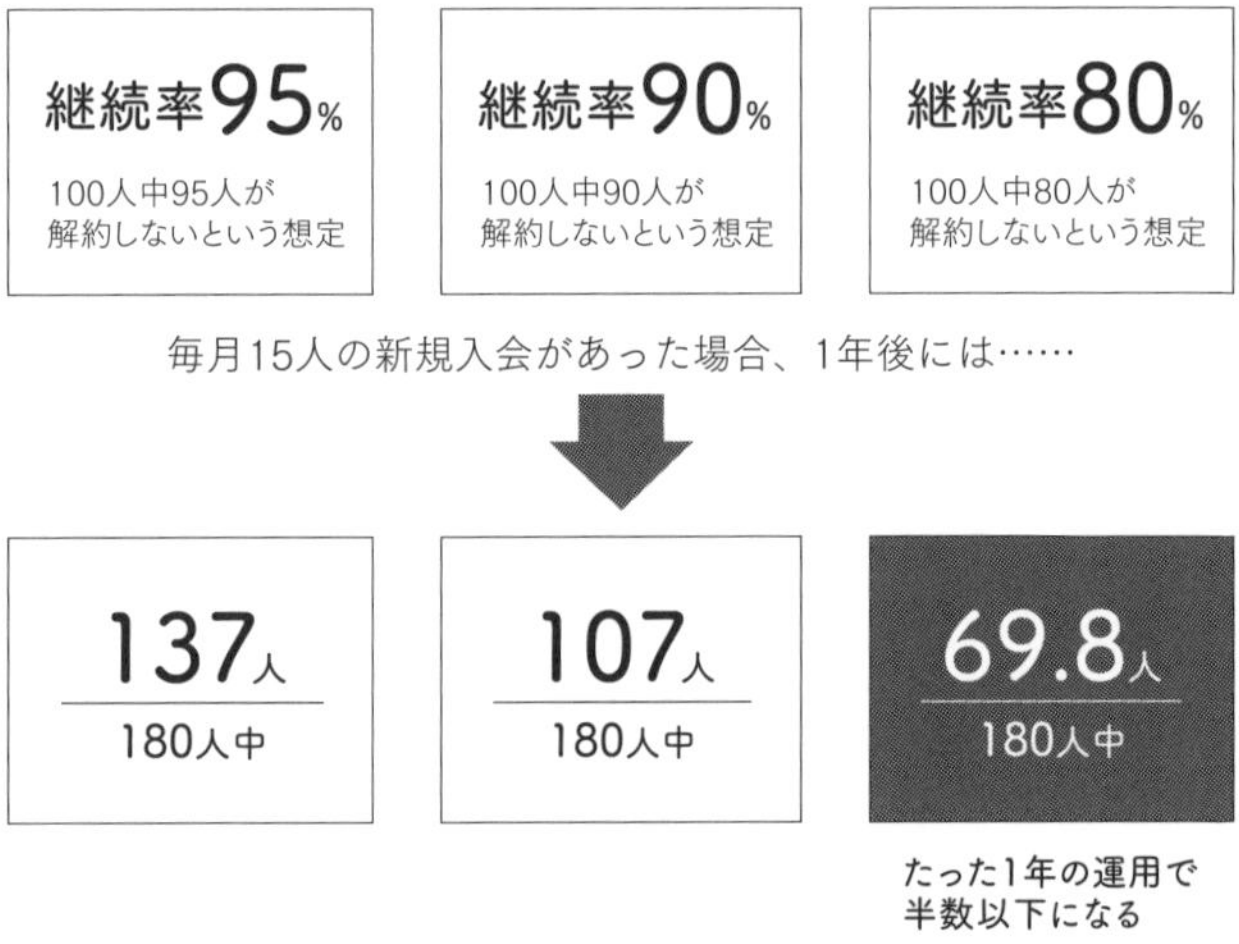

また解約率はサブスクリプションの内容によっても差異が出ることも知っていただきたい点です。解約率は「**チャーンレート**」とも呼ばれ、海外のマーケティングでも使用されています。参考資料として、海外サイトに掲載されている業種別の平均チャーンレートの一例をご紹介します。条件によって変動するためこの限りではありませんが、「継続の必要性」や「習慣性」の高いサービスやBtoBのサービスは、解約率が低くなる傾向があります。ちなみに著者が手掛けているTAKETIN MPはBtoB向けＳａａＳサービスですが、解約率は１％程度です。

もしあなたが検討しているサービスは解約率が高そうだな、という場合でもご安心ください。きめ細やかなサービスを設計すれば、逆転のチャンスは十分にあります。詳しくは後半の「解約率を圧倒的に下げる仕組み」の中でご説明します。

3 サブスクリプション完全攻略法
①サービス設計編

ほどほどの期待値で満足度を維持する

ここからはサブスクリプションの具体的な成功パターンについて解説していきます。先述した解約の原理や落とし穴をふまえて、完全攻略をめざしましょう。

まずはサービス設計における完全攻略法です。

顧客満足度を維持するには、「契約前の期待値」をコントロールする設計を心掛けてください。成約を急ぐあまりに購入前のお客様に対して、過剰な訴求を行うことは禁物です。キーワードは「ほどほど」です。

サービス設計の段階で失敗しやすいのが「顧客の変化を約束してしまう」ケース。たとえば「このプログラムを続ければ10キロ痩せます」「このコミュニティに入ればモテます」というふれこみで新規顧客を集めたとしましょう。顧客は痩せる、モテるといった「結果」に固執するため、成約の時点で期待値が非常に高い状態になります。サービスに対する目が厳しくなりますから、なかなかシビアな戦いになるといえるでしょう。

新規顧客の獲得にはインパクトのある宣伝も効果的かもしれません（もちろん、嘘や誇大広告はNGです）。ですが、継続の観点から見ると、**期待値を上げすぎた状態で成約する手法は危険なものなのです。**

つまり最初の期待値が低ければ、高い満足度を維持しやすいということ。変化を約束するというよりも、道具や方法を提供するというスタンスにとどめた方が良いでしょう。「痩せます」ではなく「痩せる可能性が高まる方法を提供する」。「モテる」ではなく「モテるチャンスを提供する」といったイメージでしょうか。

一定の顧客満足度を保てる「おいしいサブスクリプション」

それでは常に高い顧客満足度が保てるサブスクリプションとはどんなものでしょうか？

2つのビジネスモデルを例にポイントを紹介します。

1つは「**定期配送モデル**」。サブスクリプションという言葉が広まる前から人気のビジネスです。健康食品やウォーターサーバーなど、さまざまな商品で成功例がありますが、定期配送の最大の強みは、ずばり「**期待を裏切らない**」点にあります。何が届くかは初めからわかっているわけですから、届いた後に「思っていたのと違った」ということは起こりにくい。結果として顧客満足度が一定に保たれ、高い継続率が維持できるのです。同じ商品を届け続けるという点で企画力を必要とせず、事業者への負担も小さくなります。

2つ目は「権利や所属が価値になる」ビジネス。ソフトウェアやアプリケーションを利用する権利を購入するSaaSや、資格を保持するための会費を払う資格・協会ビジネスなどを指します。こうしたビジネスは、**常に同じものを提供し続けることで顧客の期待に応えるもの。事業者の負担が少ない理想的なモデルといえるでしょう。**

息切れせずに新しいコンテンツを提供し続ける方法

先述しましたが、毎月新しいサプライズが届く、つまり企画力を必要とするサービスの大半は事業者に大きな負担がかかるものです。ですが、内容や仕組みによって負担の少ない状態で提供できる方法もあります。

１つは「**事業者自身の日常ですでに習慣化されたこと**」を**コンテンツ化する**というものです。たとえば「競馬が好きで、趣味で予想をブログに書いている」という人であれば、競馬予想のコンテンツをつくり続けることにストレスは感じないでしょう。他にも料理が好きな人であれば日々のレシピをコンテンツに、株式投資が趣味の人は投資予測をコンテンツ化するというのも良いかもしれません。ビジネスのためにコンテンツをつくるのではなく、趣味や生活の延長線上にあるものをコンテンツ化すれば、息切れは起こりにくいのではないでしょうか。

もう１つは**顧客がコンテンツをつくる参加型のサービス**。サブスクリプションとは少し違いますが、身近なところでヤフーオークションやメルカリをイメージしてみてください。

これらのサービスでは、**事業者がコンテンツ（商品）を提供するのではなく、会員たちが商品を出品、購入することでビジネスが成立しています**。事業者は会員同士を結び付ける場の提供をしているパターンです。会員登録は無料ですが、売買が成立した際に事業者側へ手数料を支払うことで収益をあげています。

このようないわゆる「**場の提供」を行うサブスクリプションとしては「問題解決の場」や「共通の趣味・興味の場」などが考えられます**。前者の例としては専門家の紹介サイト。ファイナンシャルプランナー（FP）の紹介サイトを例にご説明します。事業者にとっての顧客は問題を解決する人（FP）。FPは情報掲載料を毎月支払い、自己アピール情報をサイトへ掲載することができます。またサイト内で受注した場合には、成果報酬として手数料を支払います。

まずFPの紹介情報自体がサイトのコンテンツになります。

さらにFPへ相談したいユーザーが紹介サイトへ集まり、質問を登録。FPが回答することで質問がコンテンツとして更新されます。紹介サイトは知名度を高め、本格的な依頼を受けるチャンスを提供するという仕組みです。「場の提供」は事業者側の負担が少ない魅力的な例だと思います。

■場の提供ビジネスモデル

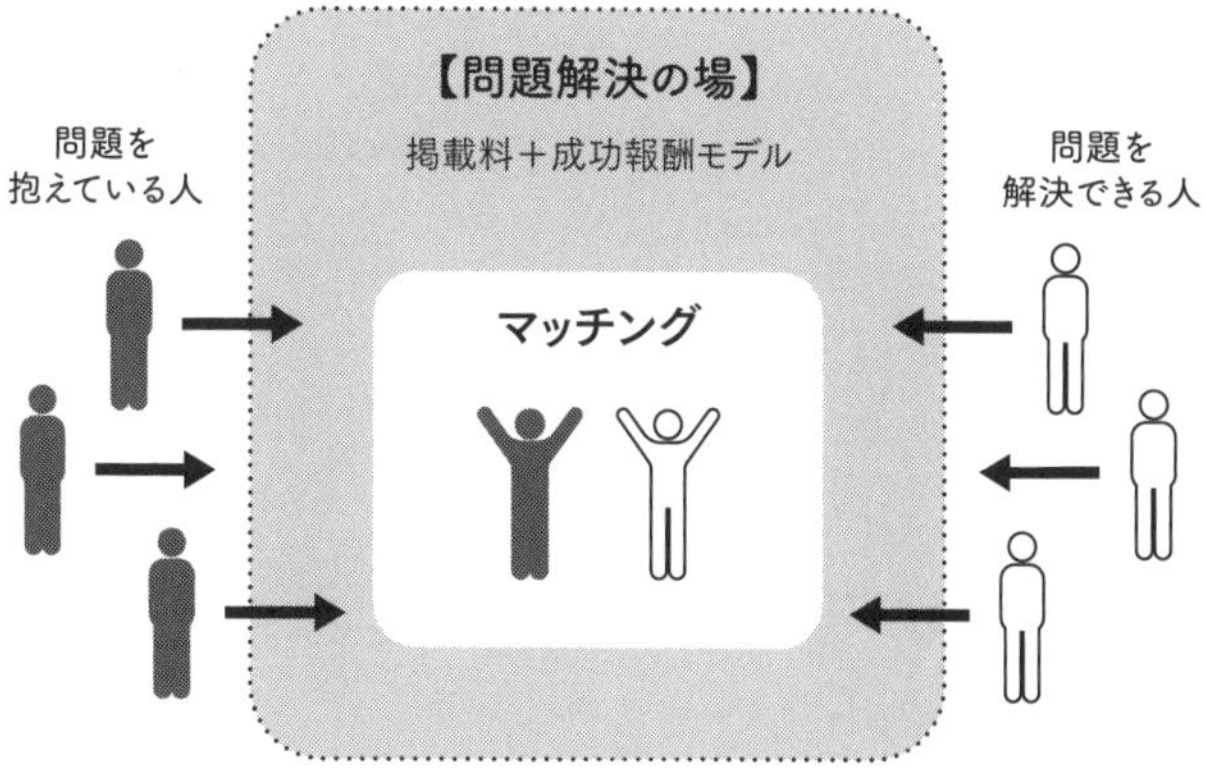

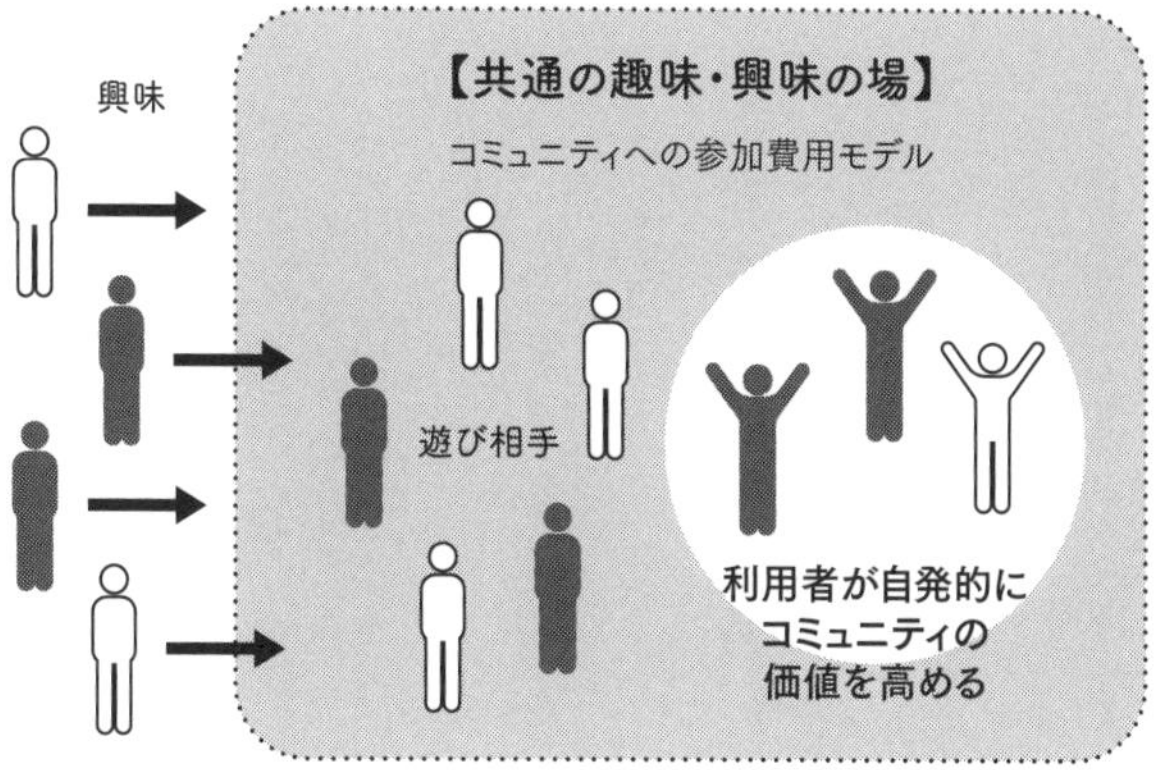

後者の「共通の趣味・興味の場」はゲーム等のオンラインコミュニティやオンラインサロンなどが該当します。顧客（会員）は、自分が興味のあるコミュニティやサロンに参加費用を支払ってメンバーに登録します。コミュニティ限定のセミナーやイベントを開催することで、主催者やメンバーが親交を深めるという仕組みです。主催者だけでなくメンバーが自発的に情報を発信することで、常に新しいコンテンツが生み出されていきます。次第に主催者が想定していなかった遊び方や交流グループができあがることもあります。顧客がコミュニティの存在価値を高めてくれる→顧客満足度が上がるという好循環が期待できるビジネスモデルです。

4 サブスクリプション完全攻略法

② 組織マネジメント編

シンプルな課金体系で事務処理を効率化

サブスクリプションを一つの事業として立ち上げるには、組織マネジメントも大切な要素です。これから解説するお話は、おそらくメディアではほとんど取り上げられていないのではないかと思います。なぜかというと、表側からは見えないものであるから。実際にサブスクリプションを手掛けたからこそ、その重要性に気づけたのだと感じています。

まずは事務業務の管理、つまりは契約体系の構築方法です。第3章で「契約管理業務は複雑かつ多岐にわたるため、自動化が有効」というお話をしました。自動化と同様に、契約期間や支払い方法などはできる限りシンプルな体系にしておく必要があります。

たとえば月額制サービスで解約希望者が出た場合。以下のうち、どちらの契約体系がベストでしょうか?

①いつでも解約可能で、料金は日割り計算で請求する。
②入会日を起点として1カ月ごとに契約を更新する。解約する場合は、次回の契約更新日までに解約手続きを行ってもらう。

正解は②。日割り計算を可能にすると、事務処理が非常に煩雑になってしまいます。とても細かいことですが、解約条件については規約にしっかり記載しておくことをおすすめします。

もう一つ、支払い方法に関しても二択で考えてみてください。

①クレジットカード一択で問題ない。
②支払い方法は多ければ多いほど顧客に親切。クレジットカードに銀行振り込み、最

近はバーコード決済も流行っているので採用するべきだ。

正解は①。この件は第3章でもふれているので、簡単な問題だったかもしれませんね。著者の体感値ですが、クレジットカードのみで8割方は問題ないはずです。どうしても、ということでしたら自動化するシステムと連携できるものを選ぶようにしてください。銀行振り込みのように、人が消込作業を行うような方法は大変です。バーコード決済も簡単そうに見えますが、裏では手作業でレジの売り上げと照合しているというケースもあります。

このような事務的な問題について、経営者が目にする機会はあまり多くないでしょう。**社内でも把握が難しく、気が付かぬ間に現場の従業員に大きな負担をかけてしまう恐れがあります。マンパワーが必要になれば人件費が嵩みます。結果的に経営を圧迫することにもつながりますので、ぜひ気をつけていただきたいポイントです。**

反対にマンパワーをかけるべきなのはサポート面。**サポートまで自動化してしまうのはむしろタブーともいえる行為です。**将来あなたのサブスクリプションが成功をおさめ、事業規模が拡大したら……。あらゆる業務を自動化し、効率よく進めたいという欲求に駆られると思いますが、ぜひこのタブーだけは冒さないでいただきたいのです。**たった一つの問い合わせ対応でも、顧客からの信頼感や好感度が下がってしまう。**サポートはとても繊細な業務です。だからこそ可能な限り「人によるサポート」を行い、スピーディかつ的確に回答するスキルを身に付ける必要があります。チャットボットを導入する際は、あくまで担当窓口（スタッフが応答）を絞り込むナビゲーターとして利用する程度が良いでしょう。

少し安心していただきたいのは、あくまで「困った時」が重要だということ。インターネット社会の今、特に若い顧客は自分で調べて解決しようという意識が高いものです。わざわざ問い合わせをしてくる頻度はさほど高くありません。事業者視点でいえば、少ない労力で顧客満足度を高める、絶好のチャンスともいえます。

サブスクリプションを成功させる組織づくり

事業を運営するには、セールスやマーケティング、企画、管理、事務といったさまざまな職域のメンバーが協力する必要があります。息の長いサブスクリプションを生み出すためには、**メンバー全員がフロー型ビジネスとの違いを理解し、同じ方向を向いて臨むことが大切です。**

特に方向性でズレが生じやすいのが、セールスやマーケティングの視点。顧客寄りの視点で考えると「あれもこれも付けてお客さんを喜ばせよう」と至れり尽くせりのサービスを考えがちです。またプロモーション活動においても「第一印象で心をつかむ」いわゆる引きの強さを重視してしまう傾向があります。

こうした視点はあくまで売り切り型のビジネスの常識。スポーツにたとえれば、売り切り型は短距離走、サブスクリプションはマラソンです。**エネルギーを温存しながら長い距離を走り続けなければならない、ということを意識してもらう必要があります。**

まずメンバー同士で共通認識化するべきなのは「購入前後の期待値のズレを少なくすること」そして「事業者の負担を少なくすること」です。認識をすり合わせた後にセールスやマーケティングのＫＰＩを策定していけば、理想的な組織運営ができるはずです。

5 サブスクリプション完全攻略法

③解約率を圧倒的に下げる仕組み編

顧客は3タイプに分類できる

この節では解約率を圧倒的に下げるための具体的な方法をご紹介します。解約率が高い顧客層について、また顧客の心をくすぐる仕組みとはどのようなものなのか。また近年問題視されている、消費者に不利な仕組みをつくる「**ダークパターン**」にも言及します。

小手先のテクニックで解約をあきらめさせるようなサブスクリプションは長続きしません。事業者と消費者がフェアな関係を築き、結果的に解約率が下がる。誠実な姿勢で取り組んでいただきたいと思います。

まず知っていただきたいのは、顧客の中には解約率の高い層が存在するということ。サブスクリプションを利用する顧客は、継続した期間の長さや商品・サービスに対する信頼度に応じて3つのタイプに分類できます。

〈タイプ1〉お見合い客

契約して間もない顧客のこと。商品・サービス、事業者への理解が低く、契約したことを不安に感じている。契約後もレビューを見たり、競合のサービス内容と比較したりしている状況。解約する可能性が最も高いタイプ。

〈タイプ2〉知り合い客

契約からしばらく継続している顧客で、サブスクリプションの利用が習慣化しているタイプ。事業者に対して特別な好感を抱いているわけではないが、合理的な考えのもとで継続している。

■顧客の状態は３タイプ

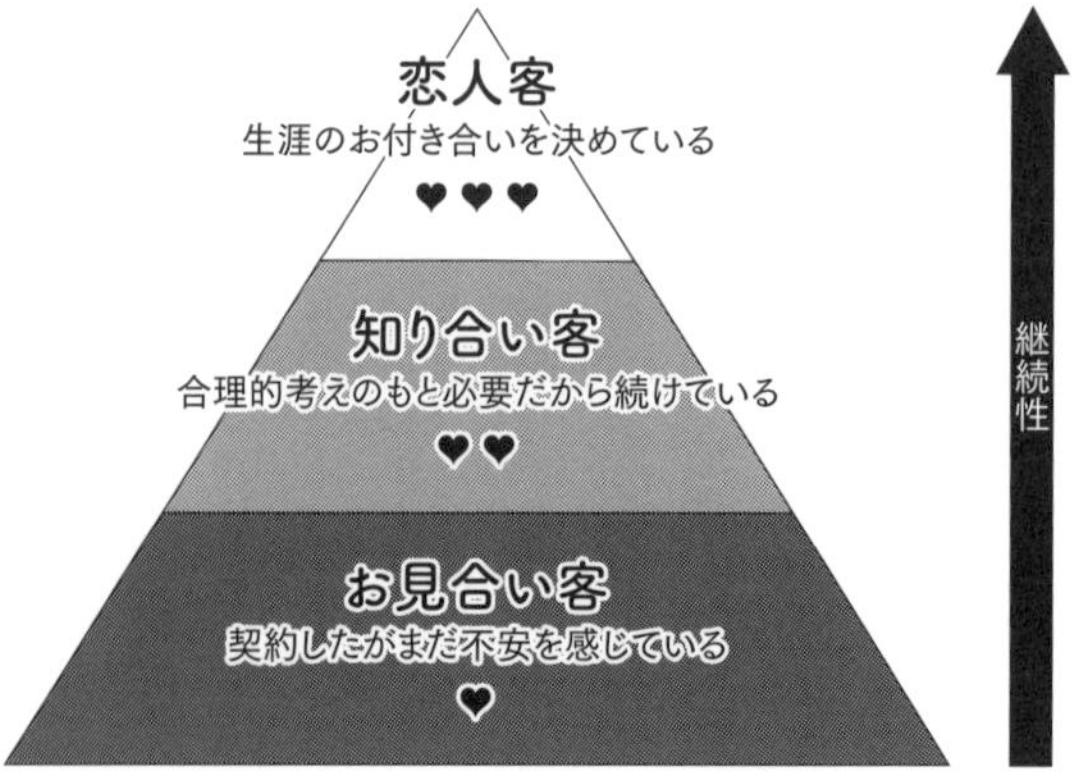

〈タイプ3〉恋人客

契約からしばらく継続している顧客で、サブスクリプションの利用が習慣化している。かつ極めて満足度が高い優良顧客。**サブスクリプションの内容を熟知しており、使い続けることに不安がなくなっている。事業者に対する好感度や信頼度（ロイヤリティ）が高く、コアなファンとして事業者を支えてくれる存在。**顧客単価が高まりやすい層。

知り合い客と恋人客は同じ継続顧客ではありますが、ロイヤリティの面で心理的な違いがあります。音楽好きな方を例にしてみましょう。アルバムはほとんど聴いていて、最新曲は常にチェック。ライブではグッズをたくさん購入するほど好き、というアーティスト。はたまた周りで流行しているから聴いている。ライブに行くほどではないけどまあまあ好き、というアーティスト。前者にとってあなたは「恋人客」、後者にとってあなたは「知り合い客」のような存在だといえます。

契約して間もないお見合い客は事業者に対するロイヤリティが低く、不安定な状態です。この段階から知り合い客や恋人客へステップアップさせれば、解約率は飛躍的に下がり顧客基盤が安定していきます。つまり解約率を下げる対策として最も重点をおいてフォローしたいのが、このお見合い客だといえます。

解約しやすい「お見合い客」をステップアップさせる取り組み

契約後間もない「お見合い客」と、しばらく継続利用している顧客（知り合い客・恋人客）の解約率を比べると、お見合い客の解約率が圧倒的に高くなります。つまり、申し込み直後の顧客には集中的な手当が必要だということになります。

「サービス・商品がまだよく理解できない」「この事業者は信頼できるのか？」「他社の商品・サービスの方が良かったのではないか……」こうした不安で移り気なお見合い客の心

■お見合い客の心理

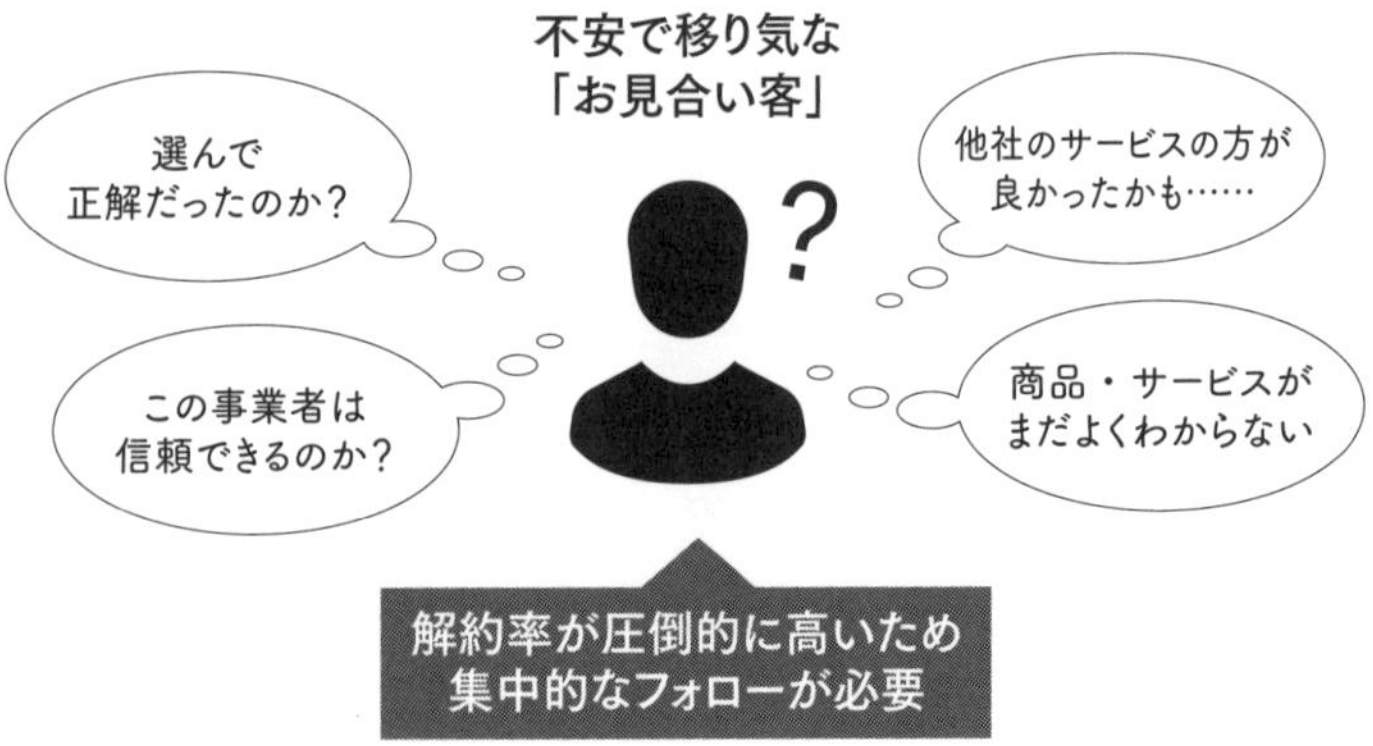
不安で移り気な
「お見合い客」
選んで
正解だったのか？
他社のサービスの方が
良かったかも……
この事業者は
信頼できるのか？
商品・サービスが
まだよくわからない
解約率が圧倒的に高いため
集中的なフォローが必要

理を理解し、ネガティブな感情を徹底的に解消してあげましょう。

お見合い客を知り合い客や恋人客にステップアップさせるために、**まずは事業者側から接触回数を増やすことが効果的です。**単純に連絡を取ればよいわけではなく、何かしら「お見合い客のメリット」になる取り組みであることが前提になります。例として4つの取り組みをご紹介します。

①お客様の声や成功事例を紹介する

「このサブスクリプションを選んで正解だった」と納得してもらう取り組みです。事業者の主観で「これはこんなに良いサブスクリプションですよ」と伝えるだけでは説得力に欠けるもの。他の顧客が実際に満足している様子を伝える方が、お見合い客は安心して耳を傾けてくれます。

情報はウェブサイトに掲載したり、メルマガで配信したりするのがよいでしょう。商品を配送するサブスクリプションであれば、お手紙のような形式で同封するのもテクニックです。

②「中の人」の声を届ける

サービスや事業者に関する情報をできる限りオープンにして、信頼を獲得するための取り組みです。食品であれば生産者の様子や情熱を伝えるコンテンツ。システムや情報を提供するサブスクリプションであれば、開発秘話や社員の声を発信するのもよいでしょう。単なる商品・サービスではなく、**心に響く「ストーリー」として魅せること**がポイントです。

③メリットを「見える化」する

サブスクリプションによって発生したメリットを数値化するパターンです。たとえば某映画館の会員サービスの場合。これは会費を支払うと観賞料金が毎回割引になるというサービスなのですが、更新時期になると一人ひとりの会員に利用状況をメールでお知らせしてくれるそうです。具体的には「契約期間中に5回観賞した結果、非会員と比べて4000円お得になりました」というようなもの。**会員は利用したメリットを明確に把握できるため、継続を決める有力な情報になります。**

④サプライズギフトの提供

お見合い客がサブスクリプションを有効に利用するためのギフトを提供します。第2章でご紹介した、ネスプレッソの「コインプログラム」は好例です。オンラインでコーヒーカプセルを購入し、コーヒーを楽しむ。つまりコインプログラムの「一連の流れを体験してもらう」ために、契約後間もない会員にはコーヒーカプセルの無料プレゼントが用意されていました。

ギフトの例としては、食品のサブスクリプションであればマグカップや小皿といったアイテム、ソフトウェアのサブスクリプションであれば、便利な使い方やノウハウを提供するというのもよいでしょう。

顧客の心をつかみ、やめさせないテクニック

お見合い客の不安を解消し、知り合い客、恋人客へステップアップさせるのはまだまだ序盤の段階。ステップアップした顧客が「**このサブスクリプションは手放したくない！**」**と思うような商品・サービスを提供し続ける必要があります。**

一期一会ともいえる売り切り型の商品と異なり、サブスクリプションでは「事業者と顧客との関係構築」が継続率を高める、つまりは収益を上げる秘訣です。ちょっとした工夫の積み重ねが顧客のロイヤリティを高めます。第1章でふれた「所有や体験」に価値を感じる時代性と顧客の心理をふまえて「顧客の心をつかむポイント」をまとめました。

① 家族のような関係でエンゲージメントを高める

「売る人と買う人」という相対関係ではなく、サービスを一緒に良いものにしていく、家族のような関係づくりが理想的です。家族になってしまえば、なかなか抜けようとは思いませんよね？　**家族のような濃い関係性を目指すには、顧客が気軽に意見を伝えられる受**

け皿、そして意見に対して真摯に耳を傾ける事業者の努力が必要になります。簡単なテキ**ストフォームやチャットを使って、ウェブサイト上に要望の受付窓口をつくりましょう。**メルマガや郵送物にひとこと「ご意見をおきかせください」と添えておくとベストです。

ささいな気づきがサービス改善の大きなヒントになることもあり、顧客の声は事業者にとって貴重な財産になります。さらに要望がサービスに反映されると、顧客は大変喜んでくれるものです。実際にTAKETIN MPでも顧客の声をサービス改善に役立てています。こちらこそ顧客のみなさんに感謝したい気持ちなのですが、逆にお礼を言われることも。こうしたコミュニケーションが家族のような濃い関係を醸成してくれるのだと感じています。

サービスや事業者に対する愛着心や貢献意欲を「**エンゲージメント**（engagement）」と呼びます。直訳すると「約束」「婚約」などの意味ですが、人事の領域で従業員の愛社精神を「従業員エンゲージメント」と呼び、**エンゲージメントが高い組織は一体感が強く、退職率が低下するといわれています。**同様にサービス事業者と顧客の間においても高いエンゲージメントを築けば、長くお付き合いできる関係性が保てるといえます。

②所属欲求をくすぐる

常連になったら「ちょっとくらい贔屓《ひいき》してほしいな」と思うのが人情というもの。利用歴の長い顧客に対して、優位なステータスや特典を付与する仕組みは、所属欲求をくすぐるテクニックです。株式投資の世界では、保有数や保有期間が長い株主には株主優待を手厚くし、優遇するケースを見かけますが、まさに所属欲求をくすぐっている例です。

既得権を与え、長く利用するほどステータスを感じられる仕組みということですが、サブスクリプションで取りいれるならば、**会員ランク制の導入や、料金改定の際に古株の顧客は料金据え置きで対応する、といった例が挙げられます。**

③ライバル意識を高める

顧客同士にライバル心を感じさせるような仕組みを指します。たとえば料金体系を松竹梅で複数用意しておく。梅プランの顧客は上位のプランに憧れを感じて「いつか上のプランを利用しよう」という欲求が芽生える、といったイメージです。また②とも共通しますが、利用頻度や期間の長さに応じて会員ランク制を導入するのも有効な仕組みです。

オンラインサロンのように顧客同士が交流するサブスクリプションであれば、料金体系にかかわらずライバル心が芽生えやすいと考えられます。**「自分の発言が注目される」「主催者と親密になる」など、コミュニティ内における存在感を高めることが継続のモチベーションになるのです。**

④ 最低利用期間を設定する

これは事業者側のリスク回避策。契約段階で最低利用期間を定めておくことで一定の継続が保証され解約率も下がるというシンプルなお話ですが、何を元に最低利用期間を決めるか、という点が重要です。

「TAKETIN MP」では、最低利用期間を4カ月と定めています。1年以上の長期で設定すると、契約のハードルが上がってしまいますので、比較的気軽に考えてもらえるちょうどよい期間だと考えています。またもう一つの根拠として「顧客獲得コストを回収する期間」という意味があります。具体的には月額3万円の契約を1件取るために12万円かけているので、12万円÷月額3万円＝4カ月分、だというわけです。リースのような分割のサブスクリプションも、同じように顧客獲得コストを元に契約期間を設定しているはずです。最低利用期間が長すぎても契約のネックになりますし、逆に短すぎると事業者側のコストが回収できませんので、バランスを考えて期間を設定しましょう。

ちなみに最近のサブスクリプションは、だんだんと消費者に優しい内容が増えているように感じます。たとえば自動車のサブスクリプションの先発はトヨタのKINTOで、こちらはほぼリースに近い長期契約の分割型。それに対して二〇二一年に登場したHondaの「マンスリーオーナー」は、最短1カ月から契約可能なサブスクリプションです。またメガネの田中が展開するメガネのサブスクリプション「NINAL（ニナル）」は、途中でサービス内容を改良したパターンです。以前は契約期間終了後にメガネを返却するルールでしたが、現在は一度契約を更新すると、最後に使ったメガネを顧客にプレゼントするルールになりました。

これは事業者側が自分たちのリスクを把握できたことが影響していると考えられます。**時間の経過とともに継続率や顧客満足度などのデータが集まり、消費者に対する制約を緩めても大丈夫だと判断したのでしょう。**次々と新しいサブスクリプションが登場している今は、まだテストマーケティング段階の商品・サービスが多いですが、近いうちにリスクの程度が把握できるようになるはずです。そうなると、今よりも消費者に優しいサブスクリプションの形が増えていくと予想されます。

問題視されるダークパターンと改正特商法

最後にご紹介するのは、事業者としてやってはいけない「**ダークパターン**」のお話です。

ダークパターンとは、オンライン上で消費者を惑わし、不利な行動へ促す手法のこと。例としてはこのようなパターンが挙げられます。

・最初からメルマガ購読欄の「希望する」にチェックが入っている
・旅行サイトでホテルの予約ページを開くと「5人が閲覧している」と表示される
・読みづらく小さな文字で長い条項を提示して、同意しなければ契約できないようにする
・派手な色や大きなボタンを使って特定の選択肢を目立たせ、他の選択肢をわかりづらくする。
・解約手続きを完了するには何ページも移動しなければならない

どれもどこかで見覚えのある内容だったのではないでしょうか？　今まではあたりまえのように使われていた手法ですが、近年、世界的に規制強化の動きが進んでいます。いずれも個人情報が意図しない形で流出したり、消費者に選択を急がせたり、判断力を鈍らせたりするといったネガティブなテクニック。消費者の正常な判断が伴わないまま行動を促すとして問題視されているのです。

ダークパターンのような悪質な手法から消費者を守るため、日本では二〇二一年六月に特定商取引法の改正が可決されました。事業者は消費者に対して、よりフェアな姿勢を求められることになるでしょう。

第5章

サブスクリプションの事例集

この章では株式会社 TAKETIN の顧客であるサブスクリプション事業者の方々にご協力いただき、成功事例の内容や特徴をご紹介します。

Case Studies of Subscription Businesses

Case Study 1

ゴルフレッスンプロ MISATO

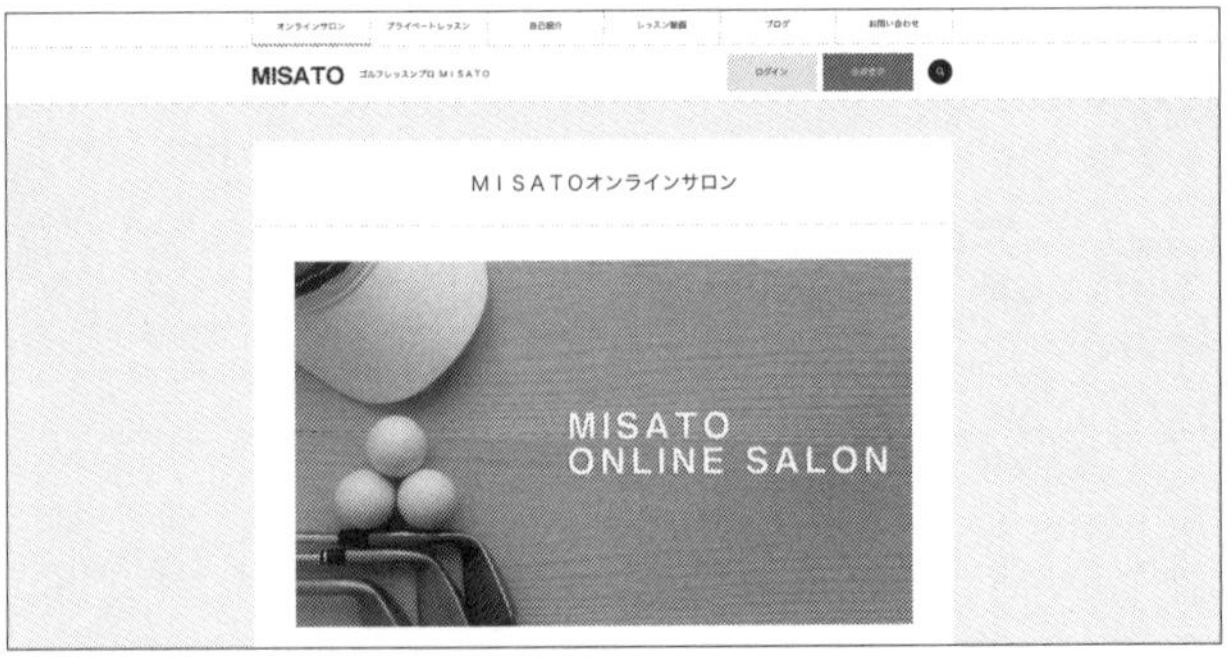

【企業データ】

企業名：　クオイド株式会社

事業内容：　ゴルフクラブの販売／アスリートマネジメント／プロゴルファーゴルフラウンドアテンド 等

ウェブサイト：https://misato-golf.com
https://www.qoidgolf.com/

【事業タイプ】

分類：ロイヤリティ型

第 3 章
「サブスクリプションアイデア 8 つの種」参照
→ 130 ページ

強み：右図

第 2 章
「サブスクリプションを構成する6要素」参照
→ 76 ページ

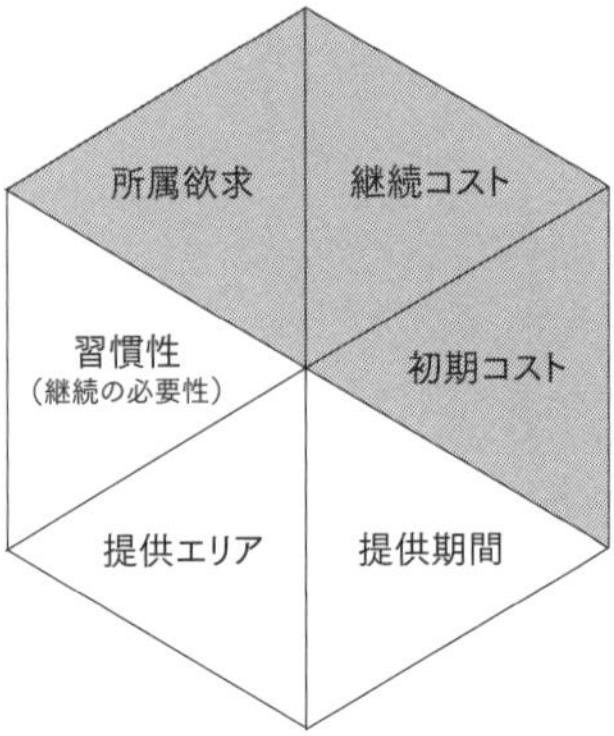

【サービスの特徴】

BtoC 向けのプロゴルファーによる会員制のオンラインサロン。

月額 980 円で入会すると、さまざまな特典が受けられる。

ターゲットはプロゴルファー MISATO さんのファン、ゴルフを上達させたい人など。

◎特典内容

- レッスン動画見放題
- プロゴルファーとのゴルフコンペ開催
- オフ会の開催
- 会員限定価格で個人レッスンが利用できる

【ポイント】

リーズナブルな料金設定で多くの会員を集め、顧客化を実現。サブスクリプションを「集客」に活用し、高額な売り切り商品（個人レッスンやスポンサー企業のゴルフクラブ等）の販売促進を行っている。

豊富な会員特典により顧客の所属欲求を満たし、比較的コストをかけずに続けられるサブスクリプション。リアルとバーチャル（オンラインコンテンツ）が融合した顧客体験を提供するという意味でも新しいサービスだ。

Case Study 2

ナノバブルサーバー SUIREX 5

【企業データ】

企業名： 株式会社コスモスエンタープライズ

事業内容： 水関連商材の開発・製造販売／再生可能エネルギーによる発電事業（太陽光・バイオマス発電）／太陽光発電の分譲販売（50kw ～メガソーラーの開発・施工・販売・管理）等

ウェブサイト： https://suirex.com

【事業タイプ】

分類：分割型

第 3 章
「サブスクリプションアイデア 8 つの種」参照
→ 130 ページ

強み：右図

第 2 章
「サブスクリプションを構成する6要素」参照
→ 76 ページ

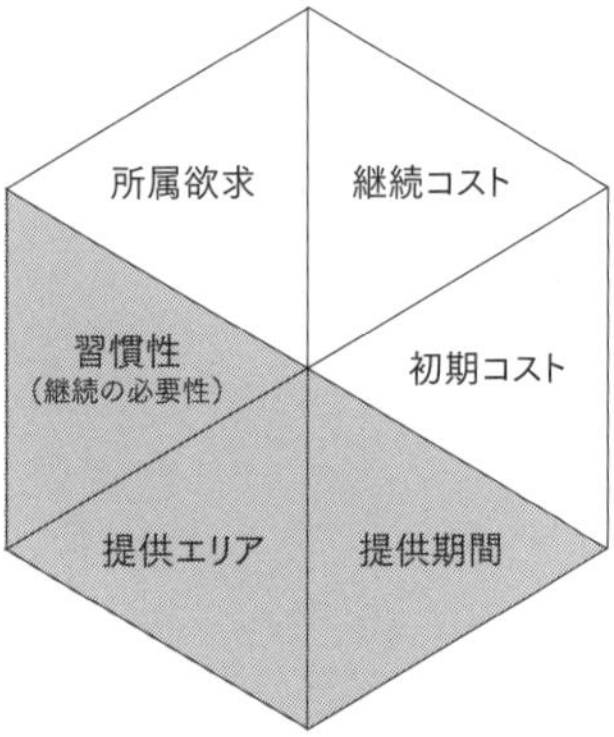

【サービスの特徴】

BtoC 向け。水道水でナノバブル水を生成できる「ナノバブルサーバー」が利用できるサブスクリプション。申し込むと家にサーバーが届き、毎月定額 4,800 円で使い放題。月々の支払いが 50 回（4 年 2 カ月）に到達した段階でサーバーは顧客の所有となり、期間満了後は支払い不要。途中で解約することもできる。

ナノバブル水とは炭酸水の泡の 1/10,000 の大きさの泡が溶け込んだ水。浸透力が高く、泡に含まれた水素と酸素を体の隅々に届けることができる。

【ポイント】

高額な機器を 50 回の分割払いで提供する、回数指定のサブスクリプション。回数指定でありながら途中解約ができる点が、消費者に優しいサービス設計だといえる。事業者側は（初月ナノバブルサーバーを送付する際に）大きなコストがかかるが、2 カ月目以降は1年ごとに新しいミネラルプレート（付属品）を届ける程度で、コストが低く抑えられる。

Case Study 3

経世史論

【企業データ】

企業名：　株式会社 経世論研究所

事業内容：　文化人の執筆、講演、メディア出演活動の企画・運営／文化人のマネジメント業務／セミナーの管理・運営／人材の教育、指導及び育成／中小企業を対象とした経営診断業務、経営顧問業務

ウェブサイト：https://keiseiron-kenkyujo.jp/apply/

【事業タイプ】

分類：教育型

第3章
「サブスクリプションアイデア8つの種」参照
→130ページ

強み：右図

第2章
「サブスクリプションを構成する6要素」参照
→76ページ

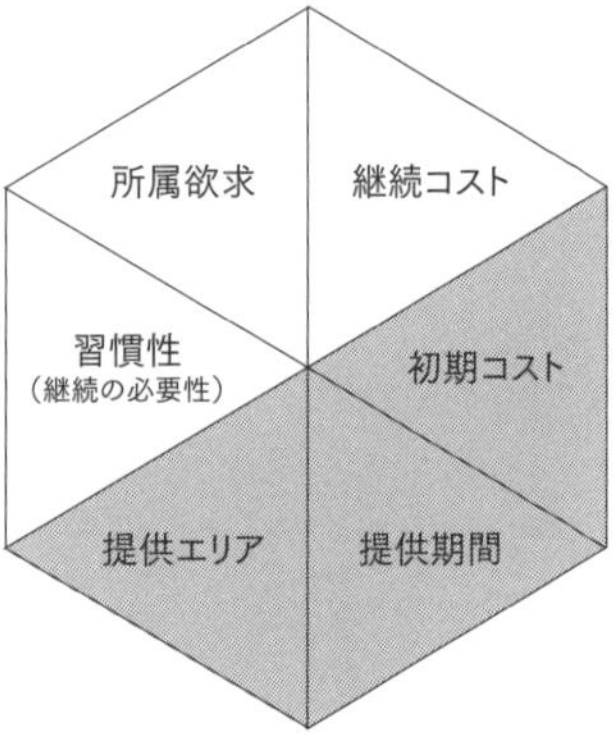

【サービスの特徴】

BtoC 向けの有識者による音声コンテンツが聴き放題になるサブスクリプション（月額 1,000 円）。コンテンツは毎月新しいものが追加される。「正しい世界の歴史」に関する体系的な知識を身に付け、現代を読み解くための教育コンテンツを配信している。会員は音声ファイルをダウンロードして、自分の好きな時間に学ぶことができる。

【ポイント】

ターゲットを「政治経済・歴史に興味のある人」に絞り、ロングテール市場を狙ったサブスクリプション。サービス提供者が著名人であり、集客効果も高い。

文化人、YouTuber や芸能人といった発信力を持つ人物がサービス提供を行う場合、参考になる事例。ニッチなロングテール市場で成功している好例。

Case Study 4

ヘアモデルバンク

【企業データ】

企業名：　有限会社 ゲットマーケット開発

事業内容：　美容、理容の関連サービス

ウェブサイト：https://www.hair-model-bank.com

【事業タイプ】

分類：代行型

第 3 章
「サブスクリプションアイデア 8 つの種」参照
→ 130 ページ

強み：右図

第 2 章
「サブスクリプションを構成する6要素」参照
→ 76 ページ

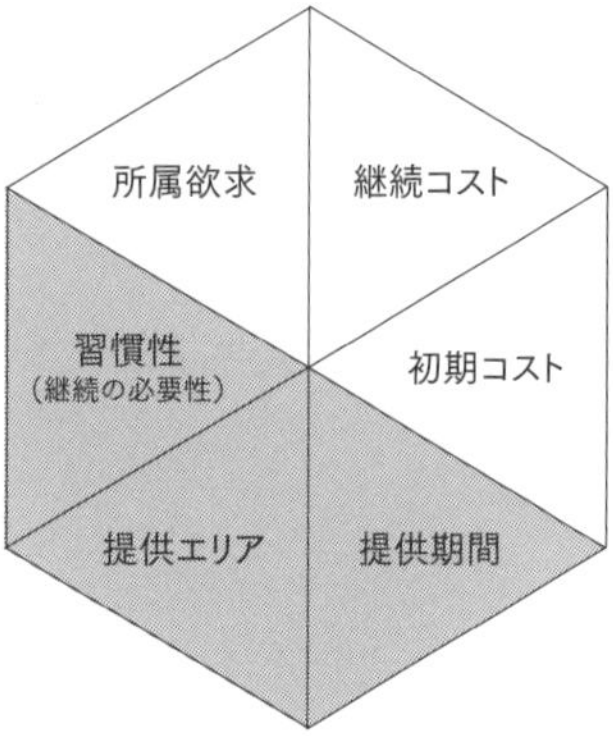

【サービスの特徴】

BtoB向け。商用利用できるヘアスタイルの写真素材を提供するサブスクリプション。自前で宣材写真を用意することが難しい美容室、ヘアサロンが集客促進に利用するほか、クリエイターや制作会社、広告代理店がコンテンツに利用する。ヘアスタイル写真は外部から募集し、委託販売を行うことで豊富な素材数を確保している。

単品販売と定額制のサブスクリプションから選択可。定額制はＡ～Ｉの９プラン。契約期間とダウンロード枚数に応じてプランが変わる（月額料金3,080～29,700円）。

◎**特典内容**

- 定額制を契約すると、単品価格の最大50%OFFで写真が購入（ダウンロード）できる
- ダウンロードした素材は解約後も使用可能

【ポイント】

顧客にとって、宣材写真は継続的に新しいものが必要となるため、継続の必要性が高いサブスクリプションだといえる。同社では美容室向けの動画マーケティング支援サービスも提供しており、ヘアモデルバンクから別サービスの集客にもつなげている。写真素材は外部から募集しており、素材を増やす事業者負担を軽くしている点も強み。

Case Study 5

アカ凸（あかとつ）

【企業データ】

企業名：　株式会社シー・バイ・シー・パートナーズ

事業内容：　経営コンサルティング業務（会計、財務、税務等）／中小企業支援業務／教育関連業務

ウェブサイト：https://akatotsu.com

【事業タイプ】

分類：教育＋ロイヤリティ型

第３章
「サブスクリプションアイデア８つの種」参照
→130ページ

強み：右図

第２章
「サブスクリプションを構成する6要素」参照
→76ページ

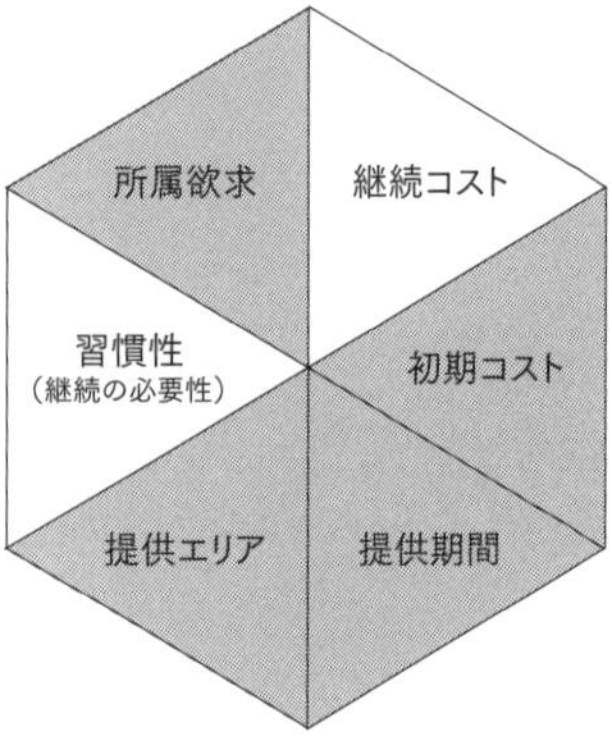

【サービスの特徴】

オンラインの公認会計士受験学校。試験合格をめざす方へ教材や講義を提供している。

月額 9,800 円でオンライン上の講義コンテンツが見放題。週1回のライブ配信や会員限定のイベントも開催している。

◎特典内容

通算ログイン日数に応じた6段階のランクアップ制度あり（月額料金は一律）。ランクに応じてイベントの優先参加や LINE・電話相談・対面相談・個別指導などの指導サービスが追加される。

【ポイント】

事業者と会員が交流するオンライン／オフラインのイベントも積極的に開催しており、一体感を持たせるサービス設計で「家族化」に成功している好例。動画コンテンツはいつでもどこでも見られるという点で、提供時間に制限がない。ランクアップでアドバイスや指導を受ける機会が増える点も、会員の期待（試験合格）に応える良い仕組みだ。

Case Study 6

臨床心理学総合アカデミア ポルトクオーレ

【企業データ】

企業名：　株式会社ポルトクオーレ

事業内容：　臨床心理学に関わる研修、セミナー、資格試験対策講座などの実施

ウェブサイト：https://portocuore.jp

【事業タイプ】

分類：教育型

第 3 章
「サブスクリプションアイデア 8 つの種」参照
→ 130 ページ

強み：右図

第 2 章
「サブスクリプションを構成する6要素」参照
→ 76 頁

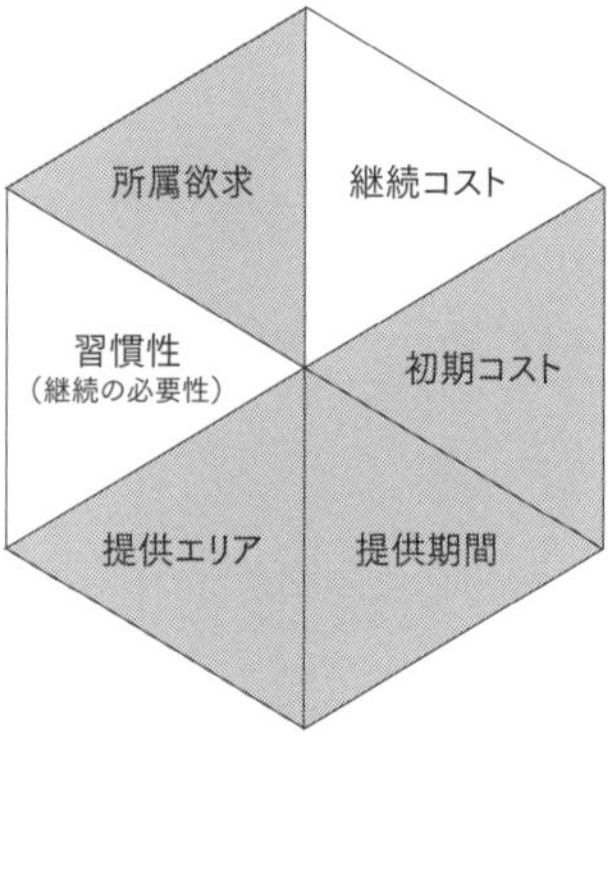

【サービスの特徴】

BtoC向けの公認心理師、臨床心理士の資格試験対策を中心に、産業カウンセラー試験、心理学検定、心理系大学院入試などの各種心理学資格取得を目指すためのオンライン講義を提供。動画は会員専用サイトから視聴できるため、スマートフォンやパソコンで時間や場所を選ばずに勉強できる。会費（月謝制）と別に入会費が必要。会員特典には講座受講だけでなく、資格取得後のスキル、キャリアアップに役立つ豊富なコンテンツを用意している。

◎特典内容

- 仕事紹介
- 資格取得後に受けられる講座情報
- 交流会案内
- 名著・論文解説動画の閲覧
- 共同研究の提案 等

【ポイント】

eラーニングのサブスクリプションは他社でも多くみられるが、同社の特徴はマッチングの場を提供している点。求人情報や交流会といった情報を集めており、会員は幅広い情報を享受できる。通常、資格や受験などの合格をゴールにしたビジネスは合格した時点で解約するものだが、同社は資格取得後のキャリア支援の場としても機能している。そのため会員の継続性が高くなる。

Case Study 7

一般社団法人 終活協議会

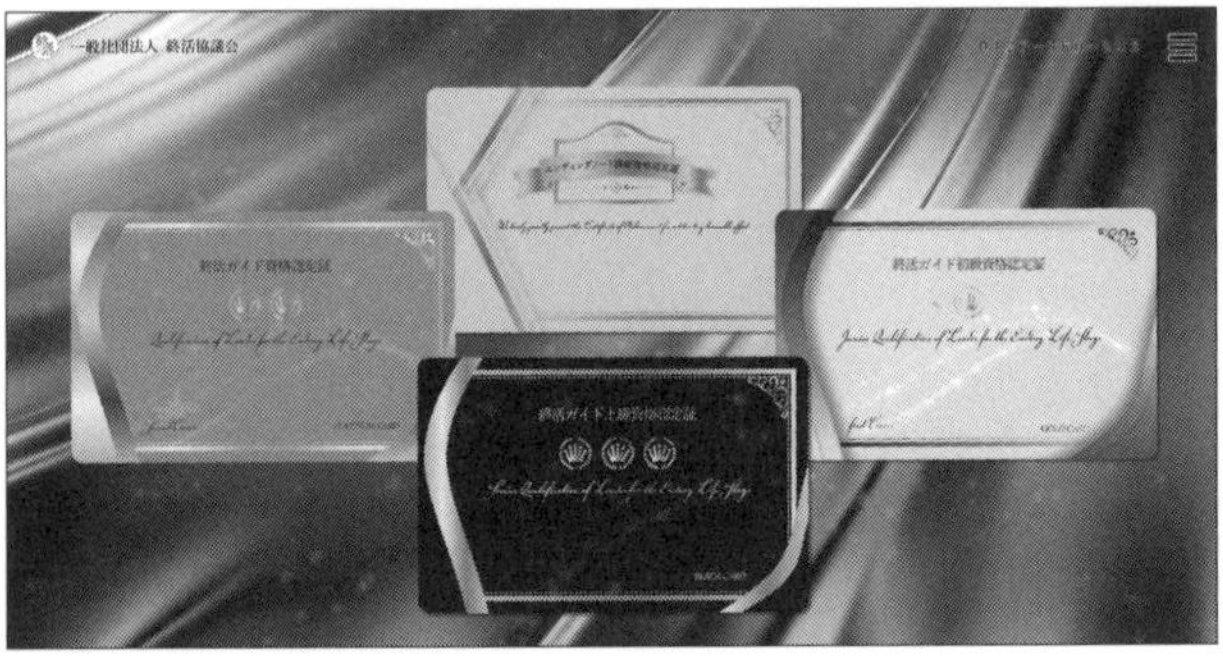

【企業データ】

企業名：　一般社団法人 終活協議会

事業内容：　総合終活サービス、終活資格認定・運営業務
（「終活ガイド」「エンディングノート認定講師」）

ウェブサイト：https://kamurogi.net

【事業タイプ】

分類：ロイヤリティ型

第３章
「サブスクリプションアイデア８つの種」参照
→130 ページ

強み：右図

第２章
「サブスクリプションを構成する６要素」参照
→76 ページ

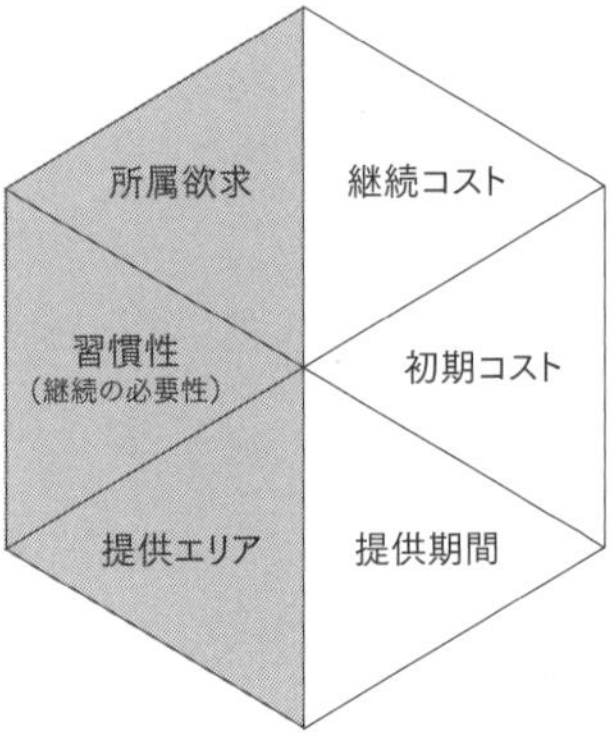

【サービスの特徴】

BtoB、BtoC 双方をターゲットとしたサブスクリプション。「終活ガイド」「エンディングノート認定講師」の資格取得講座を提供しており、受講者はファイナンシャルプランナー、介護福祉業・士業・保険業従事者といったキャリアアップを目的とした層と、生涯学習として希望する個人など。

いわゆる家元制度を採用しており、資格最上位の終活ガイド上級資格取得者には、講師として活躍する道が用意されている。終活ガイド上級資格取得者は資格維持のために年会費（3,300円）を支払う。

◎ **特典内容**

- セミナーや検定の最新情報を提供
- スキルアップ講座、セミナーや検定の無料参加
- 資格取得者との交流

【ポイント】

サブスクリプションとなる会費収入のほか、売り切り型の資格講座で収益を上げている協会ビジネス。仕事の幅を広げるため資格の一つとしてポジションを確立しており、強靭なビジネスとして成長している成功例。

「会員でいること」が顧客のステータス（期待）であるため、協会ビジネスは新しいコンテンツを提供せずとも満足度を維持しやすい。顧客の所属欲求をくすぐり、かつ継続的なコストも低く抑えられる点が強みだ。

Case Study 8

KEN YAMAMOTO TECHNIQUE ONLINE

【企業データ】

企業名：　株式会社 Quest

事業内容：　整体院等の治療ノウハウの提供

ウェブサイト：　https://www.ken-yamamoto.com/online/

デザイン制作：アートマチック株式会社

【事業タイプ】

分類：教育型

第 3 章
「サブスクリプションアイデア 8 つの種」参照
→ 130 ページ

強み：右図

第 2 章
「サブスクリプションを構成する6要素」参照
→ 76 ページ

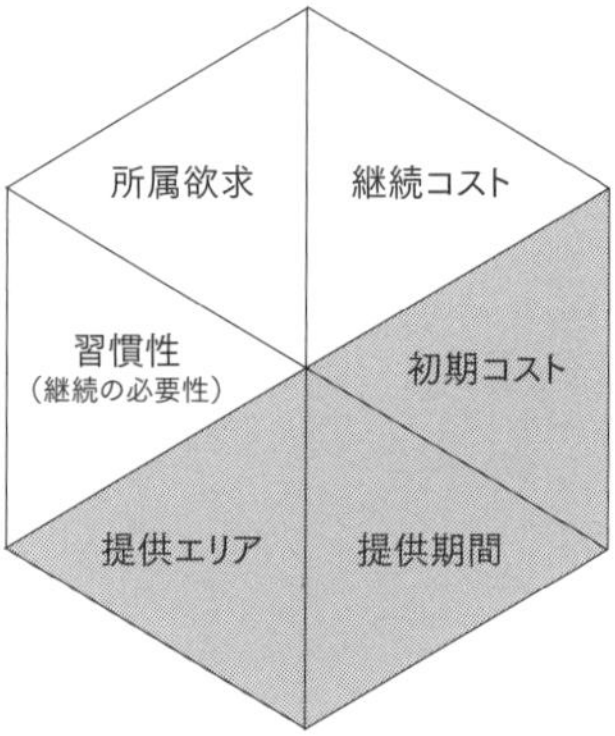

【サービスの特徴】

BtoB 向け。整体系の治療家向けにノウハウを提供するオンライン動画配信サービス。従来は DVD を販売する売り切り型のスタイルだったが、新たに会員制のサブスクリプションを開始した。

会員特典として、限定コンテンツの追加配信やセミナー・イベントの優先申し込みといったサービスが受けられる。

【ポイント】

治療家のキャリアを活かし、セミナービジネス、コンテンツビジネスへと事業を拡大。さらにはサブスクリプションへと上手く展開した事例。売り切り型のセミナービジネスをデジタルコンテンツ化することで、時間的な制限をクリアした。会員限定コンテンツは随時追加しており、会員が継続したくなるポイントを押さえている。

あとがき

トレンドを追求する経営者には、いわゆる「イケイケ」なイメージがあるかもしれませんが、少なくとも著者はこのタイプではありません。どちらかといえば堅実派で心配症。経済力や精神的な余力があってこそ、人は大きく成長できると思っています。

だからこそ、サブスクリプションが事業者にもたらす「安心感」に、絶対的な価値を感じずにはいられません。目先の売り上げを心配する必要がなく、その事業からの収益だけで人件費などの固定費がまかなえる状態が続く。

サブスクリプションは経営者を助ける強い味方なのです。

本書でお伝えしたことは、サブスクリプション型ビジネスの骨格となる部分です。

実際に事業を計画する時には、この骨格に肉付けを行うことで具体的なビジネスが生まれます。この肉付け部分をつくり上げられるのは他でもない、あなたです。

すでに先行している、人には真似できないようなものすごいサブスクリプションの仕組みも、実はこの骨格に経営者なりの肉付けをしたにすぎません。このことを心にとめておいてほしいのです。というのも、大抵の仕組みは過去の経験や前職で得た知識、つながりからヒントを得たもの。そう、あなた自身が持ち合わせているものばかりなのです。

またサブスクリプション型ビジネスは、従業員の精神衛生にも効果があるように感じています。サブスクリプションは継続がゴールであり、顧客の期待を裏切らずに満足度を維持することが目標。顧客の意見を取り入れ、素早く改善すれば、おのずと感謝される機会も多くなります。結果、従業員が誇りを持って業務に取り組んでくれる源泉となるようです。顧客も従業員も満足度の高い状態であれば、会社が元気に成長していくばかりですね。

「心から魅力を感じているサブスクリプションを世の中に広めたい」

本書はみなさんと同じ事業者の立場から、熱意を持って執筆したものです。単なる読み物を越え、あなたのビジネスパートナーとなれば幸いです。

二〇二一年一〇月　佐藤　剛

佐藤 剛（さとう・たけし）

株式会社 TAKETIN（タケチン）代表取締役
大学院在学中に、その卓越したITスキルとビジネスセンスで注目を浴び、広告会社の役員に抜擢されるなどの経歴を持ち、修士取得2年後に独立。会社設立。

気鋭のシステム開発者として、ポータルサイトの開発、顧客管理、決済システムの開発・運営などに従事。中小企業や個人事業主に特化したストック（継続課金）型ビジネス構築システムを提供して脚光を浴びた。

業界屈指のポータルサイト数社の運営を歴任後、教育サービス最大手の会員制システム、メルマガ配信システム会社の顧客管理などを手掛け、年間売上数十億円超のサービスへと成長させた。同時に自身もWebマーケティングの観点から、「勝てるビジネスモデル」の追求に没頭。「インターネットの技術を万人に普及させる」という20年間変わらぬミッションのもと、誰もが使えるWebシステムの開発と運用のサポートに尽力。

大学講師として10年以上にわたって後進の指導をした実績を生かし、継続課金システム、ストックビジネスを目指すスタートアップ企業の指導など、Webマーケティングにおける啓蒙活動でも多くの経営人の信頼を獲得している。

「大資本独占のサブスクリプションからの脱却」「サブスクの民主化」をコンセプトに、2014年にサブスクリプションシステム提供サービス「TAKETIN」を設立。開設時より毎年売上200%を超える急成長を遂げ、2020年は対前年比400%を記録、顧客サポート対応にも厚いサービスが支持され、多くのクライアントを集めている。

株式会社 TAKETIN
https://taketin.com

サブスクリプションの教科書

2021年10月26日　初版発行

著者　佐藤 剛
発行者　太田 宏
発行所　フォレスト出版株式会社
〒162-0824 東京都新宿区揚場町2-18 白宝ビル5F
電話　03-5229-5750（営業）　03-5229-5757（編集）
http://www.forestpub.co.jp

印刷・製本　中央精版印刷株式会社

取材・執筆協力　杉野 遥（Matou）
編集　塚越雅之（TIDY）
装幀　小口翔平＋奈良岡菜摘（tobufune）
本文・DTP　土屋 光（Perfect Vacuum）

乱丁・落丁本はお取り替えいたします。
ISBN978-4-86680-150-6　